Grundlagen der Medienkommunikation   Band 11

Herausgegeben von Erich Straßner

Ursula Rautenberg / Dirk Wetzel

Buch

Niemeyer

Die Deutsche Bibliothek – CIP-Einheitsaufnahme

Rautenberg, Ursula:
Buch / Ursula Rautenberg und Dirk Wetzel. – Tübingen: Niemeyer, 2001
   (Grundlagen der Medienkommunikation ; Bd. 11)

ISBN 3-484-37111-0   ISSN 1434-0461

© Max Niemeyer Verlag GmbH, Tübingen 2001
Das Werk einschließlich aller seiner Teile ist urheberrechtlich geschützt. Jede Verwertung außerhalb der engen Grenzen des Urheberrechtsgesetzes ist ohne Zustimmung des Verlages unzulässig und strafbar. Das gilt insbesondere für Vervielfältigungen, Übersetzungen, Mikroverfilmungen und die Einspeicherung und Verarbeitung in elektronischen Systemen.
Printed in Germany.
Satz: Anne Schweinlin, Tübingen
Druck: Gulde-Druck GmbH, Tübingen
Einband: Nädele Verlags- und Industriebuchbinderei, Nehren

Inhaltsverzeichnis

1. Was ist ein Buch? – Ansätze zu einer Theorie der
   Buchkommunikation 1
   1.1. Der Buchbegriff der herstellenden und verbreitenden
        Organisationen 2
   1.2. Das Buch als Medium schriftsprachlicher Kommunikation 4
        1.2.1. Die Medienspezifik des Buches als Zeichenträger 4
        1.2.2. Die historisch-systematische Medienspezifik
               des Buches 8
   1.3. Das Buch in sozial- und kommunikationswissenschaftlicher
        Theoriebildung 10
   1.4. Buchwissenschaft und Buchforschung 13
2. Die Herstellungstechnik des Buches 22
   2.1. Typographie: Begriff, Theorie und gestalterische Praxis 22
   2.2. Druck und Buch 24
        2.2.1. Satzherstellung 24
        2.2.2. Herstellung von Abbildungen 27
        2.2.3. Druckmaschinen 30
   2.3. Beschreib- und Bedruckstoffe, Formate 35
   2.4. Typographie und Text digital 38
3. Das Buch in der Gesellschaft 42
   3.1. Zum Funktionsbegriff in der Buchkommunikation 42
   3.2. Schriftkommunikation 43
   3.3. Schrift und Buch 45
        3.3.1. Speichern und Wiederfinden 45
        3.3.2. Publizieren 47
   3.4. Funktionen des Buches in der Gesellschaft 49
   3.5. Funktionen des Buches: ein geschichtlicher Abriß 51
        3.5.1. Autorität und Symbol: das Buch im Mittelalter 51
        3.5.2. Von der ‚Medienrevolution‘ zu den ‚Leserevolutionen‘ –
               Das Buch in Früher Neuzeit und Moderne 53
        3.5.3. Das Buch in der Medienkonkurrenz 56
        3.5.4. Buchmarktforschung 59

4. Buchhandel 62
  4.1. Definition und Organisationsformen 62
  4.2. ‚Books are different' – Der Doppelcharakter von Geist
       und Ware 63
  4.3. Geschichte der Organisationsformen des deutschen
       Buchhandels in Grundzügen 67
    4.3.1. Handschriftenhandel im Mittelalter 67
    4.3.2. Buchhandel der Frühen Neuzeit 68
    4.3.3. Von der Mitte des 18. Jahrhunderts bis zur
           Gründung des Börsenvereins 71
    4.3.4. Von der Krönerschen Reform bis zum
           Nationalsozialismus 75
    4.3.5. Von der Nachkriegszeit bis zur Gegenwart 78
    4.3.6. Multimedialer Umbruch im Buchhandel 81
5. Buchmarkt und Buchmarketing 83
  5.1. Buchmarkt 83
  5.2. Buchhandelsorganisationen 87
  5.3. Politische Abhängigkeiten 89
  5.4. Marktteilnehmer 91
  5.5. Marketing 96
6. Literaturverzeichnis 100

1. Was ist ein Buch? – Ansätze zu einer Theorie der Buchkommunikation

Das Buch ist in literalen Gesellschaften wesentlicher Teil der medialen Umwelt, in der es in vielfältigen Formen auftreten und unterschiedliche Funktionen übernehmen kann. Es ist daher nicht weiter erstaunlich, daß in alltagssprachlichen Kommunikationssituationen zwar ein hinreichender Konsens über das besteht, was mit dem sprachlichen Zeichen ‚Buch' gemeint ist, dies aber mit großen Unschärfen im einzelnen Bezeichnungsakt. Vordergründig läßt sich unter einem Buch ein materielles Objekt der Alltagskultur begreifen, das aus einer Anzahl von zweiseitig bedruckten Blättern meist aus Papier besteht, die durch Bindung, Heftung oder Klebung mit einem Einband oder Umschlag verbunden sind. Auch die Etymologie belegt eine enge Anlehnung an die Materialität des Zeichenträgers: das neuhochdeutsche Wort leitet sich aus dem (nicht belegten) urgermanischen *bokiz* (Plural; gotisch *bokos*, althochdeutsch/mittelhochdeutsch *buoch*) ab. ‚Buch' bezeichnet also ursprünglich die ‚Buche' und in übertragener, metonymischer Bedeutung den Beschreibstoff: die zusammengehefteten Buchenholztafeln, auf die Zeichen eingeritzt wurden.

Die vorliegende Einführung erscheint im Rahmen der Reihe „Grundlagen der Medienkommunikation": schon deshalb verbietet es sich, bei einem phänomenologischen Buchbegriff zu verharren. Dem alltäglichen Gegenstand, also dem Materialobjekt, ist das Formalobjekt wissenschaftlicher Disziplinierung entgegenzusetzen, dessen alltagsweltliche Komplexität disziplinenspezifisch reduziert wird (vgl. u. a. Saxer 1999, 3). Dem folgenden Versuch einer Beantwortung unserer Eingangsfrage „Was ist ein Buch?" sei also vorausgeschickt, daß es nicht eine, sondern viele Antworten gibt. Unterschiedliche wissenschaftliche (theoretische) oder pragmatische (herstellungstechnische) Interessen führen zu jeweils anderen Konzeptionen des Formalobjektes und so auch zu verschiedenen Buchdefinitionen unterschiedlicher Komplexität und Reichweite. U.R.

1.1. Der Buchbegriff der herstellenden und verbreitenden Organisationen

Die buchproduzierenden und buchverbreitenden Organisationen haben sich auf berufsständische Definitionen geeinigt. Diese sind jedoch in der Regel vortheoretisch in der herstellerischen, gestalterischen und organisatorischen Praxis begründet.

Das herstellende Buchgewerbe verfügt über eine fest umrissene Vorstellung vom Buch. Für den Buchgestalter, Buchdrucker und Buchbinder besteht es aus einem Buchblock, der unter Verwendung eines Vorsatzpapiers (Doppelblatt) in eine separat hergestellte Einbanddecke eingehängt wird. Die Art der verwendeten Materialien für Buchblock und Einband, die Bindeart sowie das Buchformat und der Buchumfang bestimmen wesentlich die haptischen und optischen Eigenschaften des Buches (vgl. Hochuli 1990). Diese Buchform steht in der abendländischen Tradition des Kodex, der charakteristische symmetrische und kinetische Eigenschaften besitzt. Beim aufgeschlagenen Buch liegen jeweils zwei Seiten nebeneinander, die durch die Symmetrieachse des Bundes spiegelbildlich aufeinander bezogen sind und in der Vorwärts- oder Rückwärtsbewegung des Blätterns um diese Achse bewegt werden.

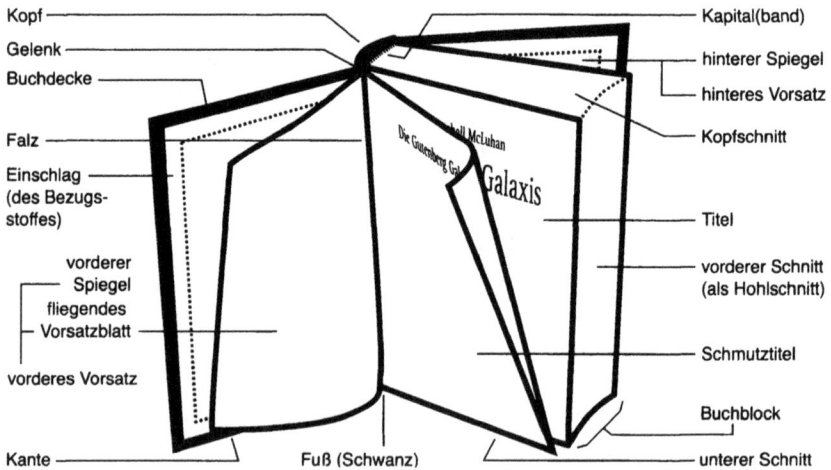

Je nach Herstellungstechnik unterscheidet die buchbinderische Fachterminologie zwischen Buch und Broschur. Anders als beim Buch wird bei der Broschur ein Kartonumschlag um den Buchblock gelegt und zumeist am Rücken fest mit diesem verklebt, ohne daß Vorsatzblätter verwendet werden. Der Umfang ist also kein Unterscheidungskriterium zwischen Buch und Broschur, obgleich sich die Broschur bei umfangreicheren Werken als weniger haltbar erweisen kann. Alltagssprachlich kann auch die Broschur als Buch bezeichnet werden, ebenso wie die Buchgestalter nicht zwischen einer Typographie für das Buch oder die Broschur unterscheiden. Bei der Broschur handelt es sich lediglich um die Bezeichnung einer einfacheren und preiswerteren Einbandart. Mit der Broschur nicht verwechselt werden sollte die Broschüre (franz. *brocher*: heften), ein geheftetes Druckwerk geringen Umfangs von oft nur tagesaktueller Bedeutung.

Für den herstellenden und verbreitenden Buchhandel ist kein spezifischer Buchbegriff zu erkennen; man scheint von einem unreflektierten Buchbegriff auszugehen bzw. von den in der technischen Herstellung üblichen Bezeichnungen. Eine heuristische Klassifizierung von Buchgattungen oder Bucharten nach zwölf Warengruppen ist gebräuchlich, z.B. Belletristik, Sachbuch, Fachbuch, wissenschaftliches Buch, Taschenbuch etc. Inhaltsorientiert ist auch die jährliche statistische Aufschlüsselung in „Buch und Buchhandel in Zahlen", die nach einzelnen Wissensgebieten in 65 Sachgruppen gliedert (Philosophie/Psychologie, Religion/Theologie, Sozialwissenschaften, Sprach- und Literaturwissenschaften, Belletristik etc.). Andere Klassifikationsversuche wiederum gehen nach Lesergruppen (Kinder- und Jugendbuch etc.), Verwendungszweck bzw. Leseinteresse (Ratgeber etc.), Sachgebieten, Darstellungsart (Belletristik etc.) oder Niveau (Trivialliteratur, anspruchsvolle Literatur etc.) vor.

Angesichts der Vielfalt der kommunikativen Inhalte scheint eine Systematik der Buchgattungen über diffuse Gruppenbildungen hinaus nicht gefragt zu sein; es handelt sich bei den vorgestellten Klassifikationsversuchen lediglich um Ordnungshilfen für die Praxis. Die gebräuchlichsten Kategorien sollen daher kurz genannt werden (nach Umlauf 1996, 43ff.). Zur Gruppe der Sachliteratur gehören das Sachbuch im engeren Sinne, das populäre Sachbuch für den nicht fachlichen Leser, das Fachbuch (auch Lehrbücher können dazu gerechnet werden), die wissenschaftliche Monographie, das Handbuch, das Lexikon und Wörterbuch, das Schulbuch, der Ratgeber, die Biographie und das Reisebuch. Zur ‚fiktionalen' Literatur zählt als wichtigste Gruppe die Belletristik (‚schöngeistige Literatur': Roman, Erzählungsband, Novellenband, Gedichtband, Dramenband etc.). Als eigene Buchgattungen werden auch Comics, Kinder-, Jugend- und Bilderbücher verstanden.

Inzwischen bezieht sich der Buchbegriff im Handel nicht mehr ausschließlich auf bedrucktes Papier. Auch CD-ROMs und Hörbücher werden mit einer „International Standard Book Number" (ISBN) versehen und so handelstechnisch als Buch geführt. Zudem werden sie im „Verzeichnis lieferbarer Bücher" (VLB) und in der Nationalbibliographie aufgelistet. Offensichtlich gilt die Verbreitung eines ‚buchtypischen' Inhalts durch ein anderes Trägermedium, das sich aber durch dieselben Vertriebsstrukturen vermarkten läßt, als Kriterium der Zugehörigkeit; der Handel weicht hier immer mehr von kartellrechtlichen oder fiskalischen Abgrenzungen des Buchbegriffs ab (Preisbindung, Mehrwertsteuer). U.R.

1.2. Das Buch als Medium schriftsprachlicher Kommunikation

Ein komplexer Buchbegriff beruht auf der (sprachwissenschaftlichen) Zeichentheorie. Zwischenmenschliche Kommunikation ist als Prozeß des Austauschs von in der Regel bedeutungstragenden Zeichen zwischen einem Kommunikator und einem Adressaten (Rezipienten) zu verstehen. Ziel des Kommunikationsaktes ist, Verhalten oder Handeln (Wissen, Einstellungen, Fähigkeiten etc.) der Interaktionspartner zu verändern (vgl. Rusch 2000, 303). Zeichen und Zeichenkomplexe sind an ein Medium gebunden; im Fall sprachlicher Kommunikation handelt es sich um standardisierte gesprochene Laute oder graphische (geschriebene) Zeichen. Der Bedeutungstransfer ist auch im mündlichen Sprechakt der ‚Face-to-face'-Kommunikation medial vermittelt, aber ohne technische Unterstützung möglich; verschriftete Sprache bedarf dagegen eines wie auch immer gestalteten materiellen Schriftträgers. Ausgehend von einer Heuristik der (Massen-)Kommunikationsmedien (vgl. Pross 1972, 127ff.; vgl. auch Ludes 1998, 69–76 u. Burkart 1998, 35–42) gehört das Buch zu den Sekundärmedien, da auf der Seite des Kommunikators eine mehr oder weniger aufwendige Herstellungstechnik notwendig ist, während der Umgang mit ihnen durch den Kommunikationsadressaten keiner technischen Vorrichtungen bedarf. Tertiäre Medien dagegen – wie die modernen audiovisuellen Medien (Telegraphie, Radio und Fernsehen) und die computergestützte Internetkommunikation – sind durch weite Übertragungswege technisch verschlüsselter Inhalte sowie Geräte zur Entschlüsselung definiert. Humankommunikation durch Sprache vollzieht sich gleichermaßen über Primär-, Sekundär- und Tertiärmedien, wobei die unterschiedlichen Trägermedien zwar nach der Reihenfolge ihres ersten historisch-anthropologischen Vorkommens klassifiziert werden, in jedem späteren Stadium jedoch alle Formen gleichzeitig praktiziert werden können. U.R.

1.2.1. Die Medienspezifik des Buches als Zeichenträger

Buchkommunikation geht über Sprachkommunikation hinaus, da das spezifische Zeichensystem des Buches nicht nur Sprach- und Zahlzeichen umfassen kann, sondern auch Musiknoten und Bilder. Während bei Wort- und Notenzeichen digitale Codierungsvorgänge (vgl. u. a. Watzlawick/Beavin/Jackson 2000, 61f.) eintreten, insofern die Signifikanten verabredungsgemäß auf bestimmte sprachliche Laute bzw. Töne (symbolische Zeichen) verweisen, so können im Fall des Bildes Bildzeichen und Abgebildetes ohne willkürlich festgesetzte oder symbolische Differenz über Ähnlichkeitsbeziehungen (ikonische Zeichen) zusammenfallen bzw. bei hohem bildkünstlerischen Abstraktionsgrad nur sich selbst bedeuten. Bilder im Buch können daher analoge Formen sein, vor allem wenn es um Sachabbildungen wie im Kunstbuch (Reproduktionen von Kunstwerken) oder um naturwissenschaftliche und technische Illustrationen geht. Von anderer Zeichenqualität ist die künstlerische Buchillustration meist literarischer Texte, die durch den materiellen Träger Buch nur insoweit eingeschränkt wird, als die für die Aussage verwendeten graphischen oder reprographischen Techniken mit diesem kompatibel sein müssen. Diese Form der Buchkunst kann vom engen Dialog mit dem Text bis zur freien Paraphrase reichen, wobei eine Wort-Bild-Zuordnung allein durch die optische Präsentation nahegelegt wird. Sowohl Noten als auch Bilder im Buch sind neben quantitativ dominierenden ‚Text'-Büchern und ‚Bleiwüsten' eher randständige Ereignisse (Musikdruck, illustriertes Buch, Kunstbuch und Bilderbuch), da ihre medienspezifische Aufführungsformen, etwa im Fall der Musik, primär konzertant oder über Tonträger oder, wie in der bildenden Kunst insbesondere in den sogenannten höheren Bildgattungen, an andere materielle Substrate gebunden sind. Entwicklung und Geschichte des materiellen Gegenstandes ‚Buch' verweisen auf eine Dominanz der sprachlichen Zeichen, auf die die Ökonomie der Buchformen in Textpräsentation und Textorganisation ausgerichtet ist. In der Buchkommunikation findet verschriftete Sprache die ihr gemäße Ausdrucks- und Überlieferungsform.

Sprachzeichen, Notenzeichen und Bildzeichen im Buch sind visuelle Ereignisse und müssen optisch entschlüsselt werden, unabhängig davon, wie die kognitive Weiterverarbeitung verläuft. Die optische Bereitstellung von Zeichen ist eine notwendige, aber nicht hinreichende Prämisse für eine Medienspezifik des Buches. Im Falle des Buches gehen Zeichenkomplexe im Akt des Schreibens und Druckens eine feste Verbindung mit dem Beschreib- oder Bedruckstoff ein, die nur durch die mechanische Auslöschung der Schrift oder die physische Vernichtung des Buchkörpers aus der Welt geschafft werden kann. Speicherungsvorgänge im Buch sind immer auch Festschreibungen. Während die in der Materialität des Buches aufgehobenen Zeichen unveränderbar sind, ist der Buchgegenstand selbst aber mobil. Die im Medium Buch gespeicherten Texte als Zeichenketten sowie die Bildzeichen sind potentiell räumlich wie zeitlich ungebunden. Dauerhaftigkeit sowie Ubiquität hängen aber im Gebrauch wesentlich von den Materialqualitäten des Trägerstoffes ab oder werden durch diesen beschränkt. Die Kontinuität der Überlieferung und die räumliche Streuung im Buch festgehaltener geistiger Erfahrungen sind damit von einer mehrfachen Speicherung in vielen Exemplaren abhängig sowie von Umschreibungen in neu auftretenden Buchformen mit anderen Materialqualitäten.

Im Prozeß der Aufzeichnung wird zwangsläufig eine Entscheidung über die Anordnung materieller Repräsentationen von Zeichen auf der Fläche gefordert, die Ausdruck skriptographischer oder typographischer Konventionen (Regeln) ist. Für die buchspezifische Kommunikation ist wesentlich, daß das Buch nicht nur als Speicher von sprachlichen und bildlichen Zeichenkomplexen dient, sondern daß die Aktualisierung einer Bedeutung im Nutzungsakt von der Art und Weise der Einschreibungen und Instantiierungen in einen materiellen

Trägerstoff abhängig ist. Das Paradigma der Materialität der Zeichen in der Buchkommunikation impliziert aber, daß Schriftgestaltung und Schriftkomposition (Layout) eine von der konnotativ-denotativen Funktion des Zeichens unabhängige Semiotik eignet. Analog zu den semantischen Unschärfen auf der Ebene der Sprache ist von einer – sprachunabhängigen – Konnotationssemiotik der Buchseite auszugehen (vgl. zur Typographie Wehde 2000). Dieser ‚semantischen' Qualität der physischen Zeichen steht die ‚Syntax' der Textorganisation in der Bucheinheit zu Seite, die auf Untergliederung und Indizierung kleinerer Einheiten zielt. Der Text verdinglicht sich im Buch. Das Buch als Artefakt ist also definiert durch das Material des Buchkörpers sowie der aufgebrachten Zeichen (Farbe), die Art und Weise des technischen Speicher- bzw. Vervielfältigungsvorgangs (Schreiben oder Drucken) sowie die Semantik und Syntax von Skriptographie und Typographie.

Das buchspezifische Zeichensystem stellt eine Beziehung her zwischen dem geistigen Urheber, dem Autor, und dem Rezipienten, dem Leser. Unterscheidet man zwischen dem Text und seiner materiellen Verdinglichung im Buch, sind Autor und Text als Produzenten und Träger einer wie auch immer gearteten Bedeutung bzw. eines ‚Sinnes' vorrangig Forschungsgegenstand der Sprach- und Literaturwissenschaft sowie der Psycholinguistik. Lediglich in ihrer Beziehung zu den Instanzen materieller Produktion und dem Erwerb und Besitz des Buches geraten sie in den Blick einer buchspezifischen Medientheorie (u. a. über die Sozialgeschichte der Literatur, des Autors etc.). Zu den materiellen Produzenten gehören Schreiber und Skriptorium, Verlag und Druckerei, die die materielle Textproduktion und -zirkulation in den von ihnen medienspezifisch ausgeprägten Organisationsformen besorgen.

Die materiellen Buchproduzenten sind in aller Regel die Urheber des Vorgangs, der den im Manuskript oder Typoskript aufgehobenen Text zum Buch macht. Über die Autor- oder Textintention hinaus steuern sie die Rezeption. Auf das Konto des Schreibers oder Setzers können graphetische Varianten, die Zeichensetzung und textliche Eingriffe (bewußte, z. B. Zensur, sowie ungewollte, z. B. Druckfehler) gehen. Hinzu kommen ‚Paratexte' („Beiwerk, durch das ein Text zum Buch wird"), wozu insbesondere die verlegerischen ‚Peritexte' (z. B. Buchformat und Reihenbildung, Umschlag und Waschzettel oder das Titelblatt) gehören (grundlegend Genette 1989; hier: 10). Unabhängig von der Textgestalt und der sprachunabhängigen Konnotationssemantik (der Typographie) ist der optische und haptische Eindruck des Buchkörpers. Qualität und Farbe des Pergaments oder des Papiers, die Art des Einbands und der Illustrationen (unabhängig von ihrer Zeichenqualität) evozieren beim Rezipienten eine Meinung über den Wert und die Bedeutung des Gegenstandes, die in die Rezeption eingeht.

Während der Autor in der Buchkommunikation abwesend ist, vollzieht sich die Aneignung durch den Adressaten in enger Beziehung zum medialen Träger.

Die Kognitionswissenschaft untersucht Lesen als komplexen Vorgang der Konstruktion von Bedeutung. Er umfaßt neurobiologische und psychophysiologische Prozesse, wie die Wahrnehmung des Aufgezeichneten durch das Auge entsprechend der hierarchisch geregelten Raumlage der Zeichen (in europäischen Sprachen von links nach rechts und von oben nach unten) und die Umwandlungs- und Transduktionsprozesse an den Photorezeptoren der Netzhaut, wobei das eingefangene Licht in neuronal verwertbare Informationen transformiert wird (vgl. Wittmann/Pöppel 1999, 224ff.). Entscheidend ist die verstandes- und gefühlsmäßige Durchdringung des Gelesenen: Lesen ist „kognitiv-konstruktive Interaktion zwischen Textinformation und (Vor-)Wissen", wobei das Vorwissen des Lesers auf speziellem Sprachwissen und allgemeinem Weltwissen beruht (vgl. Christmann/Groeben 1999, 146f.). Die mentale Repräsentation des Gelesenen durch den Rezipienten unterscheidet sich graduell von dem durch den Autor bzw. im Text ‚Gemeinten' – im extremen Fall bis zum völligen, auch produktiven Mißverstehen. Schon aus diesem Grund, der Relativität von Bedeutung und Verstehen, ist eine Buchtheorie über scheinbar ‚objektive Inhalte' nicht zu erzielen, allenfalls pragmatische Klassifizierungen von Buchgattungen von großer definitorischer Unschärfe und Willkür (vgl. zuletzt den gescheiterten Versuch von Kerlen 1999, 248f.). In zeichentheoretischer Modellierung empfiehlt sich eine Beschränkung auf die Rede von im Buch gespeicherten bedeutungstragenden Zeichenkomplexen, die über die erlernte Kulturtechnik des Lesens aufgrund von anthropologischen und kognitiven sowie emotiven Dispositiven in individuellen mentalen Repräsentationen aktualisiert werden. Die neuzeitliche Überfrachtung des Buchbegriffs mit diffusen Vorstellungen über den ‚Wert' von Texten und der Lektüre ist nicht zuletzt Folge einer Buchnutzungsforschung im Interesse ökonomischer oder kulturpolitischer Vorstellungen. Gerade in der Offenheit des Mediums für die unterschiedlichsten Textsorten, Themen und Lektürefunktionen unabhängig von literarischen, ethischen und kulturpolitischen Wertungen liegt die Leistungsfähigkeit des Buches.

Im Akt des Lesens nimmt der Leser eine persönliche Beziehung zum Buch auf. Die Art und Weise, in der er dies tut, folgt sozial und kulturell vermittelten Lektüretechniken oder -praktiken, die historisch und funktional unterschiedlich eingesetzt werden können. Eine ‚innere Geschichte' des Lesens läßt sich anhand von Parametern wie laut oder leise, langsam oder schnell (statarisch oder cursorisch), wiederholt oder einmalig (extensiv oder intensiv) schreiben (vgl. Bickenbach 1999). Davon zu unterscheiden sind Lesesituationen wie die einsame, individuelle, oder die kollektive Rezeption über Vorlesen und Vortragen in bestimmten Aufführungssituationen, die im Grenzbereich von Mündlichkeit und Schriftlichkeit angesiedelt sind. U.R.

1.2.2. Die historisch-systematische Medienspezifik des Buches

Ein Buchbegriff, der paradigmatisch von der Materialität der Zeichen ausgeht, hat den Vorteil, daß er historisch unterschiedlich aktualisierte materielle Formen der Textüberlieferung zuläßt. Zunächst einmal fällt die geläufige Kodexform – rechteckige, beschriebene oder bedruckte Lagen aus Pergament oder Papier unterschiedlicher Blattzahl, die durch einen Einband oder Umschlag verbunden sind – unter diesen Buchbegriff, und zwar unabhängig davon, ob es sich um eine Handschrift oder einen Druck handelt. Mediengeschichtliche Entwürfe lassen die Buchkommunikation oft mit dem gedruckten Buch beginnen, da die technische Reproduzierbarkeit durch den Typendruck unreflektiert in den Medienbegriff einfließt. Aber auch der Kodex (hier im engeren Sinn als handschriftliches Buch in einem festen Einband) ist das Ergebnis professioneller und oft berufsständisch organisierter Hersteller, die – sei es im klösterlichen Skriptorium oder in der laikalen städtischen Werkstatt – arbeitsteilig und unter kommerziellen Bedingungen arbeiten. Auch wenn Handschriften sich von ihrer genuinen Produktionssituation her an ein überschaubares primäres Publikum richten, sind sie intentional doch Publikationsmedien. Die unikale Herstellungstechnik des einzelnen Exemplars erlaubt nicht zwingend den Rückschluß auf eine eingeschränkte Rezeption. Diese wird eher durch soziokulturelle Faktoren wie Literalität oder ökonomische Möglichkeiten bewirkt, die über den Besitz und die Erreichbarkeit von Büchern entscheiden. Auch bei der Handschrift ist ihr ökonomischer Wert über den Preis der aufgewendeten Materialien und die investierte Arbeitszeit sowie den Grad des nötigen herstellungsrelevanten Wissens festzusetzen. Ebensowenig zählt das quantitative Argument, da spätestens im hohen und späten Mittelalter handschriftlich hergestellte Bücher in literalen Gruppen als Überlieferungs- und Speichermedien nicht im Überfluß, aber in ausreichender Zahl für literarische, wissenschaftliche und religiöse Zwecke sowie der Verwaltung – nicht zuletzt auch in Bibliotheken – zur Verfügung stehen.

Problematisch ist dieser Buchbegriff aber in der notwendigen Abgrenzung zu den weniger umfangreichen Formen der Schriftlichkeit. Diese kann nur über einen hermeneutischen Zirkel und die Formalkategorie des Umfangs erreicht werden. Nicht jeder für eine bestimmte Öffentlichkeit aufgezeichnete Text kann als ‚Buch' bezeichnet werden: Material- und Formalobjekt sind dann nicht mehr zur Deckung zu bringen. Denn das Vorverständnis des Materialobjekts ‚Buch' ist von einem Mindestumfang geprägt. Zunächst ist das einzelne, lose Blatt auszugrenzen, das sowohl handschriftlich kursiert wie xylographisch und typographisch mechanisch vervielfältigt sein kann. Im Falle des gedruckten Blattes bietet sich die Formaldefiniton des einseitig bedruckten Einzelblattes an, wobei reine Bilddrucke als graphische Blätter in den Bereich der Kunstgeschichte fallen. Einblätter können sowohl illustriert und textiert sein als auch ausschließlich Texte vermitteln. Eine textsortenspezifische Definition bietet kein sicheres

Unterscheidungskriterium zum Buch. Die Überlieferungsgeschichte weist immer wieder Fälle auf, in denen ein- und derselbe abgeschlossene Text in der einblättrig-einseitigen Form wie als mehrblättrige Broschüre publiziert wird (so z. B. Spruchdichtungen von Hans Sachs). Ebenso unbefriedigend bleibt der Rekurs auf Adressatenkreise, da alle kürzeren abgeschlossenen Textsorten im Einblattdruck publiziert werden können. Allerdings ist der Gebrauch des Einblattdrucks und seiner speziellen Ausprägung im Flugblatt vor allem während deren Blütezeit vom 16. bis zum 18. Jahrhundert durch Kürze der Texte, die auch aktuell sein können, Illustrierung, Preis und den Vertrieb über den Kolportagehandel weitaus weniger restringiert als das Buch. Einblattdruck und Flugblatt dürften zu den frühen ‚Massenmedien' gehören. Ähnliches gilt für die Publikationsform der Flugschrift, zumindest für die Reformationszeit. Diese ist wegen ihres oft agitatorischen und propagandistischen Inhalts und wegen des unspezifischen Publikums (vgl. Schwitalla 1999, 4–7) von der Broschüre zu unterscheiden, die als kursierendes Einzelfaszikel bereits in der Handschriftenzeit im ausgehenden Mittelalter schemenhaft sichtbar wird. Auch in der Frühzeit des Buchdrucks um 1480 macht die einen oder wenige Bogen umfassende Broschüre, die wie der Einblattdruck allen kürzeren Textsorten offensteht, einen nicht unbedeutenden Anteil an der Buchproduktion aus. Aus Einblattdrucken mit aktuellen Informationen zu unterschiedlichen Themen (‚Neue Nachrichten' bzw. ‚Zeitung') entsteht Anfang des 17. Jahrhunderts die Zeitung mit den medientypischen Eigenschaften: Periodizität, Aktualität, Universalität und Publizität (vgl. Straßner 1999, 5). Zu den periodisch erscheinenden Publikationen kommt nach der Mitte des 17. Jahrhunderts die Zeitschrift zunächst als wissenschaftliches Rezensionsorgan hinzu, um dem Gelehrten eine Übersicht über die nicht mehr zu bewältigende Fülle der Buchpublikationen zu geben, während sich das Themenspektrum im 18. Jahrhundert um politisch-historische und unterhaltende Periodica erweitert (vgl. Straßner 1997). Der wichtigste Unterschied zum Buch besteht in der Periodizität und Aktualität von Zeitung und Zeitschrift, nicht unbedingt im Format, da insbesondere wissenschaftliche Zeitschriften auch in Buchform erscheinen. Der moderne Zeitungs- und Zeitschriftenmarkt mit einer Fülle von Publikumszeitschriften unterschiedlichster Inhalte ist heute handelstechnisch getrennt vom eigentlichen Buchmarkt; eine Ausnahme bilden die wissenschaftlichen und literarischen Zeitschriften. Während sich für das Klein- und Akzidenzschrifttum das Problem der Zugehörigkeit zu einem Gattungsbegriff ‚Buch' stellt, werden Umfangsgrenzen nach oben oder Mehrbändigkeit nicht diskutiert. In der Forschungsorganisation sind Umfangskriterien ohnehin irrelevant, da der methodische Zugriff und der Fragehorizont sich mit der Seitenzahl nicht grundsätzlich verändern, auch wenn die medienspezifische ‚Grammatik' der Kleinformen jeweils anders ausgeprägt erscheint.

Allen bisher beschriebenen Publikationsformen ist gemeinsam, daß sie optisch entschlüsselt werden. Dies gilt auch für die digitalen Substitutionsmedien (online und offline) mit ‚buchtypischen' Zeichenkomplexen wie Texten und Text-Bild-Verbindungen, denen aber im Sprung zur Multimedialität Bewegtbilder ebenso wie Töne integriert werden können. Darüber hinaus wird die über Buchblock und Einband definierte abgeschlossene Buch- und Texteinheit bei Datenbanken und in Hypertextstrukturen obsolet. Wie der elektronische Text einem breiten Publikum unter kommerziellen Bedingungen mit dem alten Buchmodell nahegebracht werden soll, zeigt das Beispiel des eBook (electronic book); mit Name und als Gegenstand soll es an das herkömmliche Buch erinnern, obwohl es keine gemeinsamen Eigenschaften mit der Kodexform aufweist. Jede Rede vom ‚Buch' kann hier wohl nur metaphorisch sein, obwohl die medienspezifische Grammatik, Warenwert und kulturelle Einschätzung des eBook nach wie vor Gegenstand einer buchorientierten Medienwissenschaft sein können. Dies gilt auch für die kleineren Formen der Schriftkommunikation, die zwar nicht unter den Buchbegriff fallen, aber dennoch mit buchwissenschaftlichen Methoden erforscht werden.   U.R.

1.3. Das Buch in sozial- und kommunikationswissenschaftlicher Theoriebildung

Als materielles oder ideelles Objekt ist das Buch ein Produkt der Gesellschaft, und als solches in zahlreiche soziale Prozesse eingebunden, die zu seiner Herstellung, Verbreitung und Nutzung führen, die ihm Werte oder Erwartungen attribuieren. Damit sind viele buchtheoretische Fragestellungen an die Sozial- und Kommunikationswissenschaften zu richten. Doch erhält man angesichts der Divergenz der dort vorherrschenden Theoriemodelle keine eindeutigen Antworten. Zu wenig konsistent sind bislang die grundlegenden Begriffe Handlung, Medium und Kommunikation definiert, von denen letztlich auch die Positionierung des Buchs in einer Gesellschaftstheorie abhängig ist. Der folgende Abschnitt will diesen Sachverhalt an zwei gegensätzlichen Paradigmen illustrieren, deren zentrale Problematik freilich außerhalb einer buchwissenschaftlichen Thematik zu verorten ist. Es ist daher nötig, zunächst mit einen kleinem Exkurs zu beginnen.

Sozial- und Kommunikationswissenschaften sind heute praktisch nicht mehr zu trennen, da Einverständnis darüber herrscht, daß soziales Handeln und Kommunikation sich gegenseitig bedingen, wenn nicht gar synonym zueinander stehen. Alle gängigen Sozialtheorien versuchen die Komplexität der Gesellschaft durch mehr oder minder stark abstrahierte und präzisierte Terme zu beschreiben und damit Gesellschaft immer als systemische Regelkreismodelle oder Programme zu konstruieren, bedingt durch die allgemeinen Grundsätze der Theoriebildung. Daß heute dennoch bestimmte Theorieschulen explizit als konstruktivistisch oder systemtheoretisch benannt und scharf von anderen abgegrenzt werden, verweist weniger auf unüberbrückbare methodische Differenzen als auf

Das Buch in sozial- und kommunikationswissenschaftlicher Theoriebildung 11

vielmehr ideologische und ethische Gegensätze. Der Streit entzündet sich letztlich an der Frage, ob der Mensch als kausaler Faktor für Kommunikation und Gesellschaft zum zentralen Angelpunkt der Theorie wird oder nicht. Die Paradigmen unterscheiden sich hierbei vor allem in der Auffassung, ob soziales Handeln durch ein menschliches Subjekt autonom bestimmt und qua Kommunikation objektiven Charakter erhält oder ob Subjekte, Objekte und soziales Handeln einschließlich der Selbstbeschreibung eines Bewußtseins als Mensch letztlich immer durch die Vorgaben vorausgegangener sozialer Kommunikation konstruiert werden, so daß man mit Luhmann pointiert sagen könnte: nicht der Mensch, sondern Kommunikation kommuniziert (Luhmann 1994, 31).

Entsprechend unterschiedlich fällt der Medienbegriff aus, von dem letztlich der Buchbegriff abhängig zu machen ist. Die subjektgebundene Theorie sieht im Medium ein materielles Substrat, mit dem ein Mensch seine Intentionen zeichenhaft ausdrücken kann. Dazu werden die unter 1.2. aufgeführten personalen Ausdrucksmöglichkeiten bzw. deren artifizielle und technische Verlängerungen gezählt, mit denen ein Kommunikationskanal zwischen Sender und Empfänger aufgebaut wird. Andererseits werden auch gesellschaftliche Institutionen als Medien bezeichnet, die für die Bereitstellung des Kommunikationskanals verantwortlich sind (vgl. Saxer 1999, 6), und teilweise sogar die Form des Inhalts, die über ein Trägermedium vermittelt wird (z.B. Film, Programm, Comic). So wird in den Kommunikationswissenschaften auch beklagt, daß es noch keine verbindliche Medientheorie gibt, die über die Technizität und Materialität des Mediums hinausginge (vgl. Burkart 1998, 39; Schmidt 1999, 118f.). Der soziologische Ansatz der Bielefelder Systemtheorie verwendet allerdings einen Medienbegriff, der diesen hohen Abstraktionsgrad leisten könnte. Er orientiert sich an dem Begriffspaar von Medium und Form, wie er von Heider (1925) oder im logischen Kalkül der Differenztheorie von Spencer-Brown (1997) definiert wurde. Ein Medium ist demzufolge

> jeder lose gekoppelte Zusammenhang von Elementen, der für Formung verfügbar ist, und Form ist die rigide Kopplung eben dieser Elemente, die sich durchsetzt, weil das Medium keinen Widerstand leistet. [...] Das Medium muß (digital) eine gewisse Körnigkeit und (analog) eine gewisse Viskosität aufweisen (Luhmann 1994, 53).

Die Begriffe ‚Körnigkeit' und ‚Viskosität' werden hier nur metaphorisch gebraucht. Es muß sich keineswegs um Materie handeln, denn als Medium eignen sich alle Sinnstrukturen, die sich durch ihre spezifische Form von anderen Sinnstrukturen unterscheiden (digital) und neu relationieren lassen (analog). So gibt es für Luhmann auch rein kognitive Medien (Erfolgsmedien) wie Liebe, Macht, Geld, Recht usw., die nicht an ein spezifisches materielles oder physisches Substrat gebunden sind, sondern aus der Kommunikation selbst hervorgehen. Das Formen des Mediums übernimmt der Beobachter, worunter allerdings kein Subjekt verstanden werden soll (zu dem es die Sprache zwangsläufig macht), sondern ganz abstrakt ein System, nach dessen Logik unterschieden und relationiert wird.

Kommunikations- und sozialwissenschaftliche Untersuchungen zum Buch finden sich zumeist eingebettet in die Thematik der Medienkonkurrenz. Hier gilt das Buch als passives Medium, zu dessen Rezeption der Leser sehr viel stärkere Eigeninitiative zeigen muß, und zwar nicht nur durch das Lesen selbst, sondern auch beim Beschaffen des Mediums. In dieser Hinsicht steht es in einer ungleichen Konkurrenzsituation mit audiovisuellen Medien, vornehmlich Rundfunk und Fernsehen, die ihre Bereitstellung selbst organisieren und von dem Rezipienten auch durch die visuelle und akustische Art der Informationsvermittlung sehr viel weniger ‚Mühe' abverlangen. Eine Vielzahl demoskopischer Untersuchungen hat sich seit den sechziger Jahren mit der Frage beschäftigt, inwieweit andere Massenmedien sich dysfunktional für den Fortbestand des Buchs auswirken, wobei die Interpretation der statistischen Daten jenseits aller Wissenschaftlichkeit in einen langen kulturpessimistischen Streit mündeten, ob das Fernsehen als ‚Freßfeind des Buches' zu gelten habe und zur Nivellierung gesellschaftlicher Werte beitrage (s. 3.5.3.). Indirekt wird das Buch außerdem Forschungsgegenstand in Studien zum Leseverhalten, da Lesen hier in aller Regel synonym zu Bücherlesen verstanden wird und somit Aufschluß über das Buchnutzungsverhalten gibt. Die Medienwirkung wird beim Buch überwiegend unter therapeutischen (Bibliotherapie) oder pädagogischen Gesichtspunkten erforscht. Leider folgt eine Vielzahl derartiger Untersuchungen einem Wertemuster, das selbst nicht hinterfragt wird. Man untersucht das Buch vornehmlich auf seine gesellschaftliche Funktionalität und läßt – im Unterschied zu den übrigen Massenmedien – die dysfunktionale Seite unberücksichtigt. Damit wird das moralisierende Bild vom ‚guten' und vom ‚schlechten' Medium allein durch den Forschungsansatz latent bestätigt.

Der systemtheoretische Ansatz nach Luhmann bietet die Möglichkeit, die Genese gesellschaftlicher Wertemuster in die Forschung einzubeziehen. Denn die Systemtheorie untersucht nicht kausale Ursachen, sondern Zurechnungsformen. Zur Ursache wird das System selbst, das durch sein Beobachten Weltkomplexität reduziert und daraus kausale Abhängigkeiten konstruiert. Auf diese Weise verschafft es jenen Elementen, die es als nicht weiter dekomponierbare Einheit beobachtet, eine individuelle Identität. Dieses Reduktionsverfahren gilt nicht nur für die Wissenschaft, sondern grundsätzlich für jede kommunizierte Beobachtung. Und deshalb ist vor allem von Interesse, wie solche Reduktionen in bezug auf den Systemerhalt vorgenommen werden. Die vielfältigen Identitäten eines Buchs und die unterschiedlichen Erwartungen, die daran gekoppelt sind, lassen sich nicht mehr unter einer einzigen, ‚wesenhaften' Identität des Mediums subsumieren. Verbindende Einheit ist nur noch, daß es sich jeweils um Elemente der Kommunikation handelt, an die verschiedene Systeme ihre Beobachtungen koppeln können. Und so ist die Leitfrage nicht: Welche Funktion hat ein Verbreitungsmedium für den Menschen oder für eine Gemeinschaft von Menschen?, sondern: Welche Unterstützungsleistung und welche Probleme ergeben sich für den Kommunikationsprozeß?

Von Luhmann selbst ist das Buch nur im Kontext zu Schrift und Buchdruck thematisiert worden und nur unter dem Aspekt der Trennung der operativen Gleichzeitigkeit von Information, Mitteilung und Verstehen im Kommunikationsprozeß. Eine solche zeitliche und räumliche Trennung führt zur Entlastung des Rezipienten, der nicht mehr gezwungen ist, durch seine Reaktion auf die Mitteilung unverzüglich eine Entscheidung über die Annahme oder Ablehnung treffen zu müssen (unter Anwesenden kann schon ein Zögern als Ablehnung gewertet werden). Es bleibt mehr Zeit für die Reflexion, in der der Leser von sozialen Konsequenzen freigestellt ist. Damit wird es möglich, zunehmend anspruchsvollere und komplexe Inhalte zu kommunizieren, die neue Kommunikationsstrukturen und damit eine Neuordnung der Gesellschaft erzwingen (vgl. u.a. Luhmann 1997[a], 249–313; 1997[b], 404–411). Unter Massenmedien versteht Luhmann nicht den materiellen Träger, sondern ein Kommunikationssystem, das die Gesellschaft mit Neuigkeiten über eine sekundäre, von ihm erzeugte Eigenrealität versorgt und sich dabei technischer Verbreitungsmedien bedient. ‚Masse' impliziert hier einen universellen Adressatenkreis. Die Funktion für gesellschaftliche Kommunikation ist die Bereitstellung von ständig neuer, unerwarteter Information, die festgefahrene Kommunikationsprozesse anderer Gesellschaftssysteme immer wieder anstoßen kann (vgl. Luhmann 1995). In diesem Sinne läßt sich keine Aussage darüber treffen, ob Bücher allgemein oder ein Buch im speziellen den Massenmedien zuzurechnen sind. Es wird zum Massenmedium nur für den Moment, in dem es eine solche Leistung erfüllt. D.W.

1.4. Buchwissenschaft und Buchforschung

Das Buch ist das Hauptmedium kultureller Kommunikation im neuzeitlichen Europa, Geschichte des Buches ist deshalb ein wesentlicher Teil europäischer Kulturgeschichte insgesamt. Dies ist vor allem in Frankreich, aber auch in Großbritannien eine längst vertraute Forschungsperspektive. Im Lande Gutenbergs dagegen wird Buchgeschichte, sofern sie mehr als Hilfswissenschaft benachbarter Disziplinen sein will, nach wie vor mit Mißtrauen betrachtet und hat in der Hierarchie der Wissenschaften keinen angestammten Platz gefunden.

Diese Einschätzung Wittmanns (1999 [zuerst 1991], 7) kann auch nach der Jahrtausendwende, die u.a. als Gutenberg-Jahr (550 Jahre Typographie und 600. fiktiver Geburtstag) gefeiert wurde, noch Gültigkeit beanspruchen, wenn auch mit Einschränkungen. Zwar haben eBook, Internet und der mit dem Eintritt ins neue Millennium scheinbar endgültig vollzogene Schritt ins Zeitalter der digitalen Medien Feuilleton und Politik zu Nachrufen auf das Buch bewogen, meist im

Rückgriff auf die wohlfeile, weil assoziativ strukturierte, Medientheorie McLuhans (1962): dem Verlust kultureller Identität durch das dahinsiechende Basismedium des alten Europa soll – wieder einmal – durch Leseförderung Einhalt geboten werden (vgl. u.a. Rautenberg 2000, 11f.). Dieses Klischee von der kulturellen Sonderstellung des Buches, die es von den audiovisuellen und digitalen Massenmedien abhebt, ist geläufig. Aber weder das Buch noch die Wissenschaft davon bedürfen der ‚Rettung' durch wohlmeinende Zivilisationskritiker. Daß sich das Buch auch und gerade als ökonomisches Handelsgut nach wie vor behauptet, zeigen die Buchwirtschaftsdaten (s. 5.1.). Und auch die Buchwissenschaft wird von den gegenwärtig zu beobachtenden Umbrüchen des Buchmarktes und einer verschärften Medienkonkurrenz eher neue Impulse bekommen, als daß sie endgültig in den Kanon der rein historisch arbeitenden Disziplinen oder in den Stand der Hilfswissenschaft zurückfiele. Zwingt doch die neue mediale Durchlässigkeit zu einer Reflexion über die Medienspezifik des Buches und zum Nachdenken über eine allgemeine Medientheorie, die auch das Buch einbezieht.

Dies sollte aber nicht darüber hinweg täuschen, daß eine theoretische Grundlegung, die die Buchwissenschaft als akademisch institutionalisierte Disziplin mit grundständigen Studiengängen zu leisten hat, nicht oder nur in ersten Ansätzen erfolgt ist. Die Situation des Faches ist zwar durch zahlreiche Forschungsergebnisse in Teilbereichen, aber eine generelle Untertheoretisierung gekennzeichnet (angemahnt bereits bei Saxer 1975, 207f.; Rühl 1979, 45; wiederholt u.a. bei Cahn 1994, B 33; Gruschka 1995, 6). Ältere Aufsätze zum Thema „Was ist Buchwissenschaft?" verharren meist bei einer Aufzählung der Teildisziplinen, die zur Erforschung ‚des Buches' beitragen (z.B. Grundmann 1966) oder belassen es bei einer historischen Positionierung des Buches als Vermittler von ‚Literatur' (im engeren Sinne; z.B. Raabe 1976 u. 1985). Die heute unter dem Stichwort ‚Transdisziplinarität' geführte Offenheit der Buchwissenschaft für unterschiedliche fachliche und methodische Zugriffe ist bereits von Glotz/Langenbucher (1965, 310) mit dem Etikett „Monsterwissenschaft" belegt worden und eine Überkomplexität als Argument gegen eine fachlich autonome Buchwissenschaft ohne eigenständiges Profil angeführt worden. Der erstmals 1976 (deutsche Übersetzung 1990) von Migon vorgelegte monographische Vorschlag einer „Bibliologie" bleibt bei einer vortheoretischen Systematik des Forschungsfeldes (allerdings ohne die Buchökonomie) stehen. Ebenso geht Delps Plädoyer für ein Fach „Buchwissenschaft*en*" – wohl unter dem Eindruck der Sammeltätigkeit des „Deutschen Bucharchiv München" – im Detail nicht über eine Katalogisierungssystematik buchwissenschaftlicher Publikationen hinaus (vgl. Delp 1989, 776ff.); das Fach sei „nichts anderes als eine ausschnittsweise Kompilation der Geistes- und Naturwissenschaften ..." (Delp 1997, 5).

Auch bei den jüngst vorgelegten Überlegungen zum Status und Gegenstandsbereich des Faches handelt es sich meist um nicht ausgearbeitete oder wenig konsensfähige oder beliebige Versuche einer theoretischen Profilierung. Zu nennen sind hier u.a. Giesecke (1992: Buchwissenschaft als Medien- und Informationswissenschaft auf systemtheoretischer Grundlage), Jochum (1996: Literaturgeschichte des gedruckten Buches), Füssel (1997: Buchwissenschaft als Kulturwissenschaft), Schneider (1997: Buchwissenschaft als Wissenschaftsgeschichte) sowie Mix (1998: Buchwissenschaft in der Postmoderne).

Es scheint, als sei das Buch als Alltagsgegenstand ein zu vertrauter und mit wenig Störeigenschaften behaftetes Objekt, als daß ihm über die Buchgeschichte und die traditionell historische Forschung hinaus ein Platz in der wissenschaftlichen Auseinandersetzung zugewiesen würde. Boghardt sieht noch 1994 die Bedeutung der Buchwissenschaft als einer Grund- und Hilfswissenschaft, die mit der Analyse des materiellen Gegenstandes Handschrift oder Druck anderen Disziplinen zuarbeite: „Das Buch als materielles Objekt und als Medium der Überlieferung sollte der ständige Ausgangs- und Bezugspunkt bleiben, ohne den der Buchgeschichte ihr vereinigendes Zentrum abhanden käme." (Boghardt 1994, 6). Diese Positionierung ist ein Phänomen der deutschsprachigen Wissenslandschaft und möglicherweise in einer nachwirkenden idealistischen Tradition begründet, die zugunsten von ‚Inhalten' deren materielle Transmission vernachlässigen zu können glaubte.

Dieses gegenwärtig unbefriedigende Niveau der fachlichen Selbstreflexion kann aber nicht allein der – im Vergleich zu den traditionellen Fächern – noch jungen akademischen Disziplin der Buchwissenschaft angelastet werden. Ein einzelwissenschaftliches Konzept einer Medientheorie des Buches bedarf einer integrativen Medientheorie (vgl. Saxer 1999, 5). Aber auch die ‚Medienfächer' – Medien- und Kommunikationswissenschaft, Theater-, Film- und Fernsehwissenschaft oder Publizistik – befinden sich oft selbst in der Profilierungs- und Institutionalisierungsphase bzw. sind in divergierenden medientheoretischen Auseinandersetzungen befangen. Ebenso ungeklärt ist das Verhältnis zu den einschlägigen, berufsfertig ausbildenden Fachhochschulstudiengängen, da sich auch die Universitätsstudiengänge zunehmend zu einer praxisorientierten Ausbildung entwickeln. Erschwerend kommt die unterschiedliche Anbindung dieser Disziplinen an historische, literatur- oder sozialwissenschaftliche Fachbereiche, so daß eine wünschenswerte engere Kooperation auch die Hürden der universitären Organisationsstrukturen zu überwinden hat. Zudem versteht die Buchwissenschaft sich in Kernbereichen – anders als die auf die modernen Print- und audiovisuellen Massenmedien bezogenen Fächer – traditionell als historische oder literaturwissenschaftliche, nicht aber sozial- oder wirtschaftswissenschaftliche Disziplin. Das Buch, über Jahrhunderte kulturelles Basismedium, ist, nicht zuletzt von den Medienfächern selbst, bisher nur verschwommen als Kommunikationsmedium begriffen worden. Offensichtlich hat die vermeintliche kulturelle Sonderstellung des Buches im intermediären Vergleich gegenüber den ‚Massenmedien' die Theoriearbeit verhindert (vgl. auch Saxer 1975, 207). Diese Hilflosigkeit spiegeln nicht nur die unterschiedlichen Einführungen zu Studienzwecken, die sich – wenn überhaupt – beim ‚Buch' mit der Geschichte des Buches begnügen, sondern auch ein monumentales Standardwerk wie das auf drei Bände angelegte Handbuch „Medienwissenschaft", dessen erster Band (1999) schwerpunktmäßig die Printmedien behandelt. Obwohl hier den Einzelmedien jeweils ein eigener medientheoretischer Artikel gewidmet ist, fehlt eine entsprechende Abhandlung für das Buch.

Ungeachtet der Auseinandersetzungen um die Möglichkeit einer autonomen Buchwissenschaft seit den sechziger Jahren (zusammengefaßt bei Świerk 1989, B 65f.) hat sich das Fach im akademischen Lehrbetrieb mit grundständigen Studiengängen etablieren können, die sich einer regen Nachfrage der Studierenden erfreuen. Die einzelnen Institute sind unterschiedlichen Disziplinen entwachsen. Den historischen Hilfswissenschaften wurde z. B. der Erlanger Magisterstudiengang (seit 1984) ausgegliedert, die Münchner Diplom- und Aufbaustudiengänge (seit 1987) mit hohem wirtschaftswissenschaftlichen Anteil sind mit der Neueren Literaturwissenschaft verbunden; allerdings geht die Münchner buchwissenschaftliche Schule auf den Buchwirt Herbert G. Göpfert zurück. Das Mainzer Institut basiert auf einer von der Stadt Mainz gestifteten „Gutenberg-Professur" (1957), die ebenso wie das Gutenberg-Museum (gegründet 1900) im Geburtsort des Erfinders die Gutenberg-Forschung etablieren sollte. Die Professur in Leipzig schließt an die Tradition des 1925 vom „Börsenverein der deutschen Buchhändler" gestifteten Lehrstuhls für Buchhandelsbetriebslehre an und ist dem Fachbereich Medien- und Kommunikationswissenschaft eingebunden. Erst in jüngster Zeit ist über die Bezeichnung ‚Buchwissenschaft', die diese Studiengänge zumindest als einen gemeinsamen Namensbestandteil führen, bei aller im Detail unterschiedlichen Profilierung, eine nach außen einheitliche Disziplin entstanden. Gegenüber den älteren Namen wie z. B. Buchwesen, Buchkunde oder Bibliothekskunde, die noch die Anbindung an die Historischen Hilfswissenschaften oder die Bibliothekswissenschaft spiegeln, dokumentiert die ‚Buchwissenschaft' Anspruch auf wissenschaftliche Behandlung ihres Gegenstandsbereiches, der über die bloße Buchgeschichte oder die anwendungsorientierte Buchwirtschaft hinausgeht. Auch im Ausland etablieren sich inzwischen eigene Studiengänge, nachdem die wichtigen Forschungsbeiträge bisher vor allem aus der Literaturwissenschaft, der Soziologie und der Geschichte beigetragen worden sind (zur Situation in Frankreich vgl. Martin 1991, 41f.).

Die Ausrichtung der Studiengänge verfolgt neben einer wissenschaftlichen Ausbildung eine frühe berufliche Orientierung der Studierenden auf Berufsfelder im herstellenden oder vertreibenden Buchhandel in buchhändlerischen Verbänden und in der Presse- und Öffentlichkeitsarbeit. In den meisten Studienordnungen sind historische wie moderne Anteile zumindest gleich gewichtet; hinzu kommen Angebote aus dem Bereich der Buchökonomie, des Urheber- und Verlagsrechts und der Buchherstellung wie z. B. Typographie und die praktische Anwendung in Desktop-Publishing-Programmen. Die universitären Studiengänge unterscheiden sich gegenüber ähnlich gelagerten Fachhochschulstudiengängen durch eine enge Verzahnung von Forschung und Lehre, die Anleitung zu eigenständig wissenschaftlich-reflektorischer Arbeitsweise und eine freiere Studiengestaltung, vor allem über die Nebenfächer in ganz unterschiedlichen Kombinationen. Aber auch in der Universitätsausbildung geht die Tendenz zu einer stärkeren Gewichtung der modernen Anteile und einer möglichst früh einsetzenden Praxisorientierung, die über Praktika und Lehrbeauftrage aus der Wirtschaft und den verlegerischen Verbänden erreicht wird (vgl. die ausführliche Darstellung der einzelnen Studiengänge in: Buchwissenschaft und Buchwirkungsforschung 2000). Eine Ausdifferenzierung der einzelnen Fachteile im akademischen Lehrbetrieb, nicht zuletzt über eine personelle und stellentechnische Ausweitung – dies ist vermutlich am ehesten im Verbund mit den Medienfächern zu verwirklichen –, bleibt allerdings eine dringende Zukunftsaufgabe.

Auch wenn die medientheoretische Debatte zum Buch in der fachlichen Auseinandersetzung Nachholbedarf aufweist, ist das Fach mit einer Fülle von Forschungsergebnissen präsent. Diese werden nicht zuletzt auch erbracht von außeruniversitären Forschungsstätten wie z. B. der Herzog-August-Bibliothek in Wolfenbüttel und dem „Wolfenbütteler Arbeitskreis für Bibliotheks-, Buch und Mediengeschichte" und der „Historischen Kommission des Börsenvereins des Deutschen Buchhandels". Ein neuerer Forschungsbericht zu den wichtigsten Teilbereichen findet sich in dem Sammelband „Die Erforschung der Buch- und Bibliotheksgeschichte in Deutschland" (1987). Auf diesen sei verwiesen, da im Rahmen der vorliegenden Publikation kein auch nur annähernd erschöpfender Überblick geboten werden kann. Lediglich einige neuere Publikationen sollen hier verzeichnet werden, die die thematische und methodische Vielfalt exemplarisch veranschaulichen.

Zunächst einmal sind Jägers buchhandelsgeschichtliche Forschungen auf systemtheoretischer Grundlage zu nennen (u. a. 1990, 1995). Jäger geht davon aus, daß sich das Buch „als Ereignis in mehreren Feldern oder Systemen", d. h. prozessual, darstellt. Das Buch ist als Handelsartikel Gegenstand der Buchwirtschaft, aber auch technisches und rechtliches Ereignis und nicht zuletzt kulturell codiert. Nach Jäger erfordert „die wissenschaftliche Konzeptualisierung des Buches [...] eine Metasprache, die das Ineinandergreifen von Vorgängen in mehreren sozialen Feldern oder Systemen abzubilden vermag." Dazu sei neben der Kultursoziologie Bourdieus nur die Systemtheorie in der Lage; sie „fragt nach den gesellschaftlichen Funktionen des Buches und seinen Leistungen für einzelne soziale Systeme und rekonstruiert die Austauschprozesse (z. B. zwischen Literatur, Religion, Wissenschaft und Wirtschaft), die es organisiert". Damit ist zugleich der Transdisziplinarität des Forschungsgegenstandes Buch Genüge getan, das „quer zur disziplinären Ordnung liegt" (Jäger 1997, B 94). Eine systemische Theorie buchmedialer Kommunikation, die die „Prozesse der Textproduktion, der Buchherstellung, des Buchhandels, des Buchkaufes und der Textrezeption" skizziert, hat Gruschka (1995) im einleitenden Teil seiner Studie über den Verlag Kurt Desch und die amerikanische Buchpolitik der Nachkriegszeit in Bayern vorgelegt. Aus der Münchner buchwissenschaftlichen Schule sind daneben weitere Arbeiten zum Buchhandel auf systemtheoretischer Grundlage hervorgegangen, so Scheidt (1994) zur Ausdifferenzierung des Kolportagebuchhandels in der zweiten Hälfte des 19. Jahrhunderts und Holl (1996) zum wissenschaftlichen Buchhandel.

Auf der Systemtheorie Luhmannscher Prägung beruht auch Gieseckes umfangreiche Studie zum Buchdruck der frühen Neuzeit, wobei die ‚Erste Medienrevolution', der Übergang von der skriptographischen zur typographischen Textvervielfältigung, in einen strukturellen Zusammenhang mit dem gegenwärtigen Medienwechsel gestellt wird. Diese vielbeachtete Arbeit wurde vor allem begrüßt, weil sie eine Theorie des frühen Buchdrucks über ein systemisches Kommunikations- und Gesellschaftsmodell erzielt, während bahnbrechende Studien zu den Auswirkungen des Buchdrucks, wie z. B. Eisenstein (1979) und Fèbvre/Martin (1958), traditionell historisch arbeiten. Gieseckes Arbeit ist bei Buchhistorikern vor allem wegen der historischen Verkürzung, die aus der modellhaften Übertragung der digitalen Umbrüche auf die Inkunabel- und Frühdruckzeit resultiert, auf Kritik gestoßen (vgl. u. a. Jäger 1993, Müller 1993).

Eine literaturwissenschaftlicher und linguistischer Theoriebildung näher stehende Möglichkeit der theoretischen Modellierung buchwissenschaftlicher Kernfragen ist der Rückgriff auf die Zeichentheorie, wie dies Wehde (2000) am Beispiel der Typographie erprobt hat. Schrift steht im Spannungsfeld zwischen Ausdrucks- und Inhaltssystem: als Ausdruckssystem ist sie einerseits sekundäres Zeichensystem, das die primären (laut-)sprachlichen Zeichen abbildet, andererseits evoziert sie selbst als primärer Zeichenträger Bedeutung. Den materiellen und gestalthaften Eigenschaften des Zeichens werden kommunikative (bedeutungsrelevante) Funktionen zugesprochen. Wehde geht explizit vom Paradigma der Materialität der Kommunikation aus (ebd. 22f.), über das sie jedoch hinausgeht, insofern nicht nur die körperhafte Materialität der Zeichen, gebunden an einen Schriftträger, zum Ausgangspunkt ihrer Überlegungen wird, sondern eine zweite, darüberliegende Ebene, die Semiotik der Schriftzeichen. Auch Gross (1994) geht ähnlich vor, indem sie Zeichenfunktionen, Textstruktur und Rezeptionsprozeß mit der Materialität der Zeichen verbindet; wichtig ist ihr, inwiefern diese die vom Leser geleistete Sinnkonstruktion im Prozeß des Lesens leiten bzw. beeinflussen.

Implizit ist die Materialität der Texte stets Gegenstand überlieferungsgeschichtlicher Forschungen gewesen, soweit diese über die Textkritik hinausweisen. Handschriften werden als Ausdruck zeitgebundener Textrezeption verstanden und über ihre Stellung in der Textgeschichte hinaus durch die Ermittlung von Schreiborten und -werkstätten, Provenienzanalysen oder die Interpretation von Leserspuren sozialgeschichtlich verortet. Allerdings ist dies eine Domäne der mediävistischen Literaturwissenschaft, während ähnliche methodische Zugänge zu gedrucktem Material (vgl. Rautenberg 1996, 27–30) traditionell in den Kernbereich der Buchwissenschaft gehören. Zu den ausgereiftesten Methoden buchwissenschaftlicher Druckforschung zählt die analytische Druckforschung, die insbesondere im angloamerikanischen Raum unter dem Namen ‚analytical bibliography' eine bedeutende Tradition aufweist. „‚Analytical bibliography' is a discipline concerned with the interpretation of observations made on books as physical objects, traditionally limited to printed material." (Hellinga 1989, 47.) Analytische Druckforschung, verbunden mit Textkritik („textual criticism"), wie dies durch McKenzie u. a. an der Druckgeschichte Shakespeares entwickelt wurde, führt literaturwissenschaftliche Interpretation mit der variablen typographischen Gestalt des Textes („unstable physical form"), die Ergebnis des Druckprozesses ist, zusammen. Die vom Leser realisierten Textbedeutungen („meaning of the text") sind Funktionen ihrer Form (1993, 18; vgl. auch ders. 1986 sowie Gaskell 1995, 336–360).

Auf den Grundlagen englischer Bibliographen wie Henry Bradshaw und Robert Proctor basiert das von Haebler systematisierte Verfahren des Typenvergleichs („Typenrepertorium der Wiegendrucke" 1905–1924), das die Zuordnung nicht firmierter Inkunabeldrucke über die Analyse des verwendeten Typenapparats möglich machen soll. Methodisch verbessert wurde dieses Verfahren durch Lotte und Wytze Hellinga („The fifteenth-century printing types of the Low Countries" 1966), die an die Stelle der statischen Dokumentation die dynamische Verwendung des Typenapparats im Druckprozeß der Offizin setzen. Typendokumention und -vergleich sind Teilbereiche der Technikgeschichte des frühen Buchdrucks, die sich um Aufschluß über die Technik des Druckprozesses in der Handpressenzeit bemüht (vgl. Corsten/Schmitz 1987). Die bibliographische Verzeichnung von Drucken in Gesamt- und Teilbibliographien sowie Studien zu einzelnen Druckern und Verlegern gehören von je her zu den Forschungsschwerpunkten der Buchgeschichte, zunächst als Domäne der Frühdruckforschung. Seit den siebziger Jahren hat die Verlags- und Verlegergeschichte aber auch von einer sozialgeschichtlich orientierten Literaturwissenschaft vor allem für Literaturverlage des ausgehenden 18., des 19. und frühen 20. Jahrhunderts wichtige Impulse bekommen. Inzwischen wird auch die Drucker- und Verlegergeschichte zunehmend unter wirtschaftlichen Aspekten untersucht, so z. B. in der materialreichen Studie von Künast zum Augsburger Frühdruck (1997). Die deutschsprachige Inkunabelforschung hat sich immer wieder auch mit Gutenberg als dem europäischen Erfinder der Typographie beschäftigt, wobei allerdings die Gutenberg-Biographik lange von nationalen und ideologischen Paradigmen ausging (vgl. Estermann 1999). Sie bleibt auch gegenwärtig wegen der mangelhaften Quellenlage unbefriedigend und vermeidet nicht immer hypothetische Annahmen (vgl. u. a. Kapr 1988). Ebenso geben die Gutenberg zugeschriebenen Druckwerke in ihrer Produktionstechnik noch genügend Rätsel auf (zum Stand der Gutenberg-Forschung vgl. den Ausstellungskatalog Gutenberg 2000). Es ist allerdings zu fragen, ob die Gutenberg- und Inkunabelforschung angesichts großer Forschungsdesiderate von der Mitte des 16. bis zur Mitte des 18. Jahrhunderts nicht überbetont wird.

Zu den speziellen in der Buchwissenschaft angewandten Methoden gehört weiter die Bibliometrie oder bibliographische Statistik, die Erfassung und Beschreibung der Buchproduktion und der Buchnutzung meist nach Titellisten auf statistischer Grundlage. Dieses Verfahren ist insbesondere dann zweifelhaft, wenn historische Quellen ausgewertet werden, ohne daß die spezifische Quellenlage berücksichtigt wird (so z. B. der Versuch einer Buchproduktionsstatistik nach den Frankfurter und Leipziger Meßkatalogen des 16. bis 19. Jahrhunderts). Vollends anfechtbar ist die quantitative Methode, wenn nicht nur von ihrer Erhebungsbasis ungleiche Quellenpublikationen ausgewertet, sondern Hochrechnungen aufgrund angenommener Ausfallzahlen der Überlieferung etc. vorgenommen werden (so zuletzt Neddermeyer 1998). Statistische Erhebungsmethoden zum Buchmarkt, zum Buchbesitz und zum Leser gehören in der Sozialgeschichte der Literatur und der historischen Buchmarkt- und Leserforschung zum wichtigen methodischen Inventar. Inzwischen zeichnet sich jedoch eine kritische Einstellung gegenüber dem quantitativen Verfahren zugunsten qualitativ-hermeneutischer Interpretationsansätze und einer stärkeren Berücksichtigung der Materialität des Buchobjekts insbesondere bei der historischen Lese- und Leserforschung ab. Chartier (1990, 9f.) hat insbesondere die französische Leserforschung wegen einer zu schematischen soziologischen Zuordnung von Leserschichten zu Lesestoffen oder Lektürepraktiken kritisiert; auch Martin (1991, 31–33) und Escarpit (1991, 2) verweisen darauf, daß die Sozialgeschichte der Literatur in ihrer statistischen Variante zum Trugschluß der scheinbaren Sicherheit der Zahlen führe, letztlich aber eher schlüpfriges Terrain sei. Dieses nicht nur methodische Unbehagen hat im letzten Jahrzehnt zu einem Umdenken in der Erforschung des Lesens geführt. Die Zusammenhänge zwischen der Buchgestalt der Texte und unterschiedlichen Lektürepraktiken sind in den Mittelpunkt gerückt, angestoßen nicht zuletzt durch Illichs Essay „Im Weinberg des Textes" (1991). „Jede Geschichte der Lesepraktiken ist daher zwangsläufig eine Geschichte der geschriebenen Gegenstände und der Lesewörter" heißt es programmatisch in einem neueren Sammelband zur Geschichte des Lesens (Chartier/Cavallo in: Die Welt des Lesens, 1990, 12; vgl. auch Martin 1991, 40f.). Das neue Interesse am Layout der geschriebenen wie gedruckten Seite dokumentieren die Überblicksbände „Mise en page et mise en texte" (1990, hg. v. Martin/Vezin; Martin 2000) zum französischen Buch.

Zuletzt sei noch auf die wichtigsten Bibliographien und Publikationsorgane des Faches für den deutschsprachigen Raum verwiesen. Die Buchwissenschaft verfügt im (quellen-)bibliographischen Bereich über eine ganze Reihe neuerer Verzeichnisse. Zu nennen sind hier neben dem inzwischen zügigeren Erscheinen der Lieferungen des „Gesamtkatalog der Wiegendrucke" (GW) vor allem das abgeschlossene „Verzeichnis der im deutschen Sprachbereich erschienenen Drucke des 16. Jahrhunderts" (VD 16) sowie das in Vorbereitung begriffene Verzeichnis der Drucke des 17. Jahrhunderts (VD 17). Die „Wolfenbütteler Bibliographie zur Geschichte des Buchwesens im deutschen Sprachgebiet" (WBB), die die buchwissenschaftlichen Sekundärquellen für den Berichtszeitraum 1840 bis 1980 verzeichnet, konnte 1999 abgeschlossen werden. Die seit 1982 jährlich erscheinende „Bibliographie der Buch- und Bibliotheksgeschichte" (BBB) sammelt die aktuelle Literatur. Im hinteren Teil des Alphabets befindet sich das „Lexikon des gesamten Buchwesens" (LGB^2, 1987ff.) in der zweiten Auflage. Das „Archiv für Geschichte des Buchwesens" (AGB, seit 1958), die „Buchhandelsgeschichte" (seit 1974) und „Aus dem Antiquariat" (seit 1948), die beiden letzteren (auch) als regelmäßige Beilagen zum „Börsenblatt", sind namhafte, periodisch erscheinende buchhistorische Fachorgane. Das „Gutenberg-Jahrbuch" (seit 1926) ist vor allem der Frühdruckforschung vorbehalten; das „Leipziger Jahrbuch zur Buchgeschichte" (seit 1991) behandelt schwerpunktmäßig das 20. Jahrhundert und die Buchgeschichte der ehemaligen DDR. Über die aktuelle Lage im Buchhandel informieren das mehrmals wöchentlich erscheinende „Börsenblatt für den Deutschen Buchhandel" (seit 1834; seit 1946 in Frankfurt a. M. und Leipzig, seit 1990 nur Frankfurt) sowie die jährliche Statistik „Buch und Buchhandel in Zahlen" (seit 1954), beide herausgegeben vom „Börsenverein für den Deutschen Buchhandel".

Dennoch sind Desiderate im Bereich buchwissenschaftlicher Standardwerke anzumerken. Während die französische und anglophone Buchforschung bereits umfassende, z.T. mehrbändige Überblickswerke über die landesspezifische Buchgeschichte vorgelegt hat (Histoire de l'edition française, 4 Bde., 1989, zuerst: 1982ff.; The Cambridge history of the book in Britain; bisher Bd. 3, 1999, geplant sind sieben Bände), fehlt ein umfassender Überblick über die deutsche Geschichte des Buches ebenso wie ein populärwissenschaftlicher Abriß auf wissenschaftlicher Grundlage. Dieser Mangel wird gemildert durch die ältere Darstellung von Funke (zuerst 1959), Wittmanns einbändigen Abriß einer „Geschichte des deutschen Buchhandels" (erstmals 1991) und die Fortsetzung des buchhandelsgeschichtlichen Standardwerks von Kapp/Goldfriedrich (1886ff.) mit der „Geschichte des deutschen Buchhandels im 19. und 20. Jahrhundert", deren erster Band 2001 erschienen ist. Eine alle Bereiche des Buchwesens integrierende nationale Buchgeschichte auf wissenschaftlicher Grundlage, die nicht nur die Buchökonomie und die Buchproduktion, sondern auch Fragen der Buchkunst und der Typographie aufgreift, fehlt. U.R.

2. Die Herstellungstechnik des Buches

Das Buch ist als Artefakt Ergebnis eines handwerklich oder maschinell geprägten Herstellungsprozesses. Es besteht aus einem Trägermaterial, geschriebenen oder gedruckten Sprach- und Bildzeichen sowie dem Einband oder Umschlag. Im Mittelpunkt des folgenden Kapitels steht das typographisch hergestellte Buch der Neuzeit, wobei digitale Text- und Bildproduktionsverfahren einbezogen sind. U.R.

2.1. Typographie: Begriff, Theorie und gestalterische Praxis

Der Begriff ‚Typographie' bezeichnet allgemein die visuelle Darstellung von schriftlicher Sprache im Druck. Das Wort geht auf eine frühneuzeitliche Bildung nach dem griechischen *typos* (Buchstabe, hier: Bleiletter) und *graphein* (schreiben) zurück; Wort und Begriff kommen erst nach der europäischen Erfindung des Druckens mit vielfach verwendbaren Lettern um 1450 auf. Zu unterscheiden ist zwischen einer engeren Begriffsdefinition von Typographie als *Hochdruckverfahren* und als *Gestaltungsprozeß;* dieser umfaßt den Schriftentwurf und die Anordnung der Schrift auf der Seite und kann bis zur Wahl des Papiers und der Einbandgestaltung reichen.

Das typographische Prinzip westeuropäischer Sprachen basiert auf der Zerlegung der Alphabetschrift in diskrete graphische Zeichen, die – von Gutenberg bis in die siebziger Jahre des 20. Jahrhunderts – überwiegend durch Bleilettern repräsentiert wurden. Zur ‚Schrift' (der komplette Zeichensatz in der Fachsprache des Setzers) gehören Buchstaben und Buchstabenverbindungen (in linguistischer Terminologie: Grapheme als kleinste bedeutungsunterscheidende Einheiten der geschriebenen Sprache und Graphemverbindungen), aber auch Sonderzeichen wie Satzzeichen und Ziffern sowie typographisches Schmuckmaterial. Von diesen bildtragenden Lettern zu unterscheiden ist das nicht drukkende Blindmaterial (ikonische Zeichen als typographische ‚Null-Zeichen'), mit dem z. B. Wort- und Zeilenabstände erzeugt werden. Während des typographischen Prozesses durchläuft das Zeichen in physischer (materieller) Gestalt in Patrize (Stempel), Matrize, Letter und Abdruck seitenverkehrte und seitenrichtige bzw. erhabene und vertiefte Abbildungsbedingungen. Diese Definition von Typographie ist zunächst aus der Technik des Hochdruckverfahrens entwickelt, aber auch unabhängig von der jeweiligen Drucktechnik zu verstehen. Nach Brekle läßt sich das typographische Prinzip als Typus-Exemplar- oder Type-Token-Relation bestimmen:

> Das jedem typographischen Prozeß zugrundeliegende Prinzip ist, von jedem Element eines Schriftzeicheninventars einer bestimmten Ausprägung einen ‚Typus' [...] herzustellen, der es, je nach angewandter Technik, gestattet, [...] zu physikalisch notwendig immer gleichen Instantiierungen dieses Typus auf einem Druckträger [...] zu gelangen (Brekle 1994, 205).

Das Grundproblem der *gestalterischen Typographie* ist das Verhältnis zwischen geschriebener Sprache und typographischer Form. Oder anders: Gibt es eine Korrelation zwischen der Inhaltsseite der Zeichen und ihrem typographischen Ausdruck, die z. B. die Wahl einer bestimmten Schrift nahelegt? Schrift als Ausdruckssystem ist einerseits sekundäres Zeichensystem, indem sie die primären (laut-)sprachlichen Zeichen abbildet; die auf typographischem Wege an ein Substrat gebundene Schrift evoziert aber – unabhängig von der sprachlichen Bedeutung der Zeichen – selbst Bedeutung. Diese Theorie setzt voraus, daß Schriftgestaltung (Schriftentwurf) und Schriftkomposition (Layout) unabhängig von der kognitiv-denotativen Funktion des physischen Zeichens typographische Reize codiert: „Typographie kann deshalb als sprachunabhängiges visuelles Ausdrucks- und Bedeutungssystem angesehen werden, das auf einer Konnotationssemiotik gründet." (Wehde 2000, 87.) Die konnotative Entschlüsselung des typographischen Zeichens erzeugt ein interpretantenbezogenes Lesen, das auf konventioneller Übereinkunft beruht oder kontextabhängig ist.

Die Konnotationssemantik des typographischen Zeichens ist von jeher Teil der ästhetischen Seite der typographischen Praxis gewesen und hat ihren expliziten Niederschlag in Lehrbüchern bzw. in den modernen typographischen Handbüchern gefunden. Es stehen Fragen der Lesbarkeit und der Funktionalität im Vordergrund, wobei unterschiedliche ästhetisch-gestalterische Lösungsmöglichkeiten typographischer Aufgaben zugestanden werden. Kommunikative und ästhetische Ansprüche sind dabei in Einklang zu bringen. Die physiologischen Grundlagen des Leseprozesses (Saccadensprünge und Fixationszeiten des Auges, Erkennbarkeit und kognitive Verarbeitung der graphischen Wortgestalt) sowie die Kodexform des Buches (Abstand zum Auge, räumlich lineare Anordnung) gelten als Grundvoraussetzungen gestalterischer Überlegungen. Die Mikro- oder Detailtypographie bezieht sich auf Buchstabe, Buchstabenabstand, Wortbild und Wortabstand, Schriftgröße im Verhältnis zu Zeilenlänge und Zeilenabstand; die Makro- oder Großtypographie auf das Buchformat, die Anordnung der Kolumnen auf der Doppelseite und die Wahl des Papiers (Färbung und Stärke bzw. Gewicht). Zu bedenken ist auch die Gestaltung der Gliederungs- und Auszeichnungsmittel sowie der paratextuellen Bestandteile. U.R.

2.2. Druck und Buch

Alle Druckverfahren übertragen Farbe von einer Druckform auf einen Trägerstoff. Man unterscheidet *Hoch-, Tief-, Flach- und Durchdruckverfahren* nach dem Prinzip, mit dem die Druckform druckende und nichtdruckende Bereiche voneinander trennt. Beim Hoch- und Tiefdruck geschieht dies durch erhabene oder vertiefte Stellen einer Druckfläche, beim Flachdruck durch unterschiedliche chemische oder elektrostatische Eigenschaften der Druckfläche, die Farbe anziehen oder abweisen, und beim Durchdruck durch offene oder verschlossene Stellen eines Siebes, durch das Farbe hindurchgepreßt wird. Moderne Druckverfahren auf digitaler Basis besitzen keine materiell gebundene Druckform mehr; sie existiert hier nur noch virtuell in Form von binären Daten im Computer. Daß man mit der Herstellung *einer* Druckform eine Vielzahl von identischen Exemplaren einer Buchseite in kürzester Zeit herstellen kann, ist nur ein Aspekt, der die Entwicklungsgeschichte der Druckverfahren im Laufe der Jahrhunderte bestimmt hat. Viel komplexer waren die Probleme, die man lösen mußte, um für die verschiedenen Abbildungsqualitäten von Schrift, Zeichnungen, Gemälden und in neuerer Zeit auch Photographien geeignete Druckformen zu entwickeln und ihre Herstellung zu rationalisieren.

Der folgende Abschnitt will in groben Zügen die wesentlichen Schritte dieser Entwicklungslinie aufzeigen, soweit sie für die Buchherstellung von Bedeutung sind. Die gebotene Kürze zwingt zu Kompromissen in der Darstellung, mit der die Sachverhalte teilweise nur stark schematisiert wiedergegeben werden können. Es sei daher auf die angegebene Fachliteratur verwiesen. D.W.

2.2.1. Satzherstellung

Die Typographie, wie sie vermutlich durch Johannes Gutenberg in ihrer europäischen Ausprägung um 1450 entwickelt wurde, setzt bei der Herstellung von Einzeldruckformen für jedes Zeichen an, die zunächst seriell auf Vorrat gegossen werden und sich dann variabel zu immer neuen Gesamtdruckformen zusammensetzen lassen. Die Idee der seriellen Verwendung identischer Elemente läßt sich bis in die moderne Computertechnik nachvollziehen: im Buchdruck sind es einzelne Metallettern, beim Durchdruck Schablonenelemente, beim Photosatz Diapositive einzelner Zeichen und im Computersatz schließlich sind es Vektorgraphiken, d.h. identische Softwareroutinen, die diese Graphiken bei Bedarf reproduzieren.

Die Technik des Buchdrucks erreichte schon wenige Jahrzehnte nach Gutenberg eine so hohe Funktionalität und Qualität bei der Wiedergabe von Text, daß sie für diese Aufgabe bis in die siebziger Jahre des 20. Jahrhunderts gegenüber anderen Druckverfahren nahezu konkurrenzlos blieb. Aus Sicht des heutigen PC-Benutzers, der über Druckschriften mühelos verfügen und sie beliebig verändern kann, wird es zunehmend schwieriger, sich den erheblichen Aufwand an Arbeit und Kosten vorzustellen, der trotz aller technischen Weiterentwicklungen immer mit dem Buchdruck verbunden blieb. Jede Schriftgröße, jeder Schriftschnitt aus einer Schriftfamilie (magere, halbfette, fette und kursive Schnitte) benötigte einen separaten Zeichensatz. Ein Zeichensatz besteht aus einem Typenapparat von Großbuchstaben (Versalien), Kleinbuchstaben (Gemeine), Zahlen und Satzzeichen sowie Ligaturen, mit denen ästhetischen Ansprüchen an das Schriftbild – wie ineinanderfließende Buchstabenkombinationen und Unterschneidungen – Rechnung getragen wird. Zu einer Frakturschrift gehören in der Regel neunzig Figuren (*Figur:* von der Letter dargestelltes Zeichen) je Zeichensatz, zu einer Antiqua sogar 105. In den ersten knapp vier Jahrhunderten des Buchdrucks blieb die Herstellung der Lettern ein aufwendiges Unterfangen. Für jede Figur einer neuen Schrift mußte zuerst in feinmechanischer Handarbeit ein Stahlstempel (Patrize) mit seitenrichtigem, erhabenem Schriftbild hergestellt werden. Mit dem Stempel wurde die Figur anschließend in einen kleinen Messingblock (Matrize) ‚abgeschlagen' (ähnlich der Münzprägung), wobei die so entstehenden Vertiefungen im Messing als seitenverkehrte Gußform für die Figur dienten. Die eigentliche Besonderheit der Erfindung des Buchdrucks (vgl. Corsten 1995) ist das Handgießinstrument, mit dem die Gußform der Figur mit der Gußform des übrigen Körpers einer Letter (Kegel) zu einer Einheit zusammengeführt wird. Es ist so konstruiert, daß man mit nur einem einzigen Gerät durch Austausch der Matrizen alle Figuren gießen kann. Die Gußform des Kegels läßt sich durch einen Schiebemechanismus stufenlos an die jeweilige Breite (Dicke) der zu gießenden Figur anpassen (ein ‚I' beispielsweise ist schmaler als ein ‚m'). Mit dem Handgießinstrument goß der Schriftgießer für jede Figur eine nach der Häufigkeitsverteilung im Text berechnete Anzahl von Lettern. Jede Einzelletter mußte anschließend noch manuell nachbearbeitet und auf exakte Maße gebracht werden. An dieser Verfahrensweise änderte sich lange Zeit kaum etwas. Erst Mitte des 19. Jahrhunderts gelang es den Ingenieuren, den Schriftguß durch sogenannte Komplettgießmaschinen zu automatisieren (vgl. bes. Wilkes 1990).

Auch das Setzen des Textes blieb bis weit in das 19. Jahrhundert hinein ausschließlich Handarbeit. Die Lettern werden hierfür in Setzkästen nach Figuren sortiert aufbewahrt. Der Setzer greift mit der einen Hand die benötigten Figuren der Reihe nach aus dem Setzkasten heraus und legt sie mit der anderen auf dem Winkelhaken ab, eine Art Schublehre, die ihm als Vorlage für eine Textzeile dient. Jede fertiggestellte Zeile wird auf das Satzschiff gestellt, eine Ablagefläche zum Aufbau einer Textkolumne. Ist auch die Textkolumne fertiggestellt, fixiert man die noch losen Einzellettern, indem man die ganze Kolumne fest mit einer Schnur umwickelt, und hebt anschließend die Kolumne auf das Fundament der Druckform. Freiräume zwischen den Textkolumnen werden mit Blindmaterial (nichtdruckende Metallelemente) ausgelegt. Nach dem Drucken wird der Satz wieder aufgelöst und die Typen im Setzkastens abgelegt.

Im Zuge der Industrialisierung versuchte man, den Handsatz durch maschinelle Lösungen zu ersetzen. Die ersten Typensetzmaschinen entstanden bereits ab den zwanziger Jahren des 19. Jahrhunderts. Sie besitzen eine Tastatur, deren Betätigung die jeweils gewünschten Lettern aus Magazinen freigibt und sie über eine Mechanik auf das Satzschiff gleiten läßt. Doch scheiterten die Versuche, auch das Ablegen maschinell durchzuführen, um auf diese Weise den typographischen Kreislauf vollständig zu automatisieren. Gelöst wurde das Problem auf eine andere Weise, die die Fortschritte der Komplettgießmaschinen nutzte. Auf den Tastendruck des Setzers hin wurden die benötigten Lettern nicht nur gesetzt, sondern unmittelbar zuvor erst gegossen. So entfiel die Notwendigkeit, die Lettern nach Gebrauch wiederzuverwenden. Man konnte den alten Satz einschmelzen und ersparte sich damit das Ablegen. Für den Buchdruck setzten sich zwei unterschiedliche Systeme durch. Bei der 1886 entwickelten „Linotype" werden zunächst einzelne Matrizen aneinandergereiht und die gesamte Zeile dann als Einheit gegossen. Mit dieser Maschine konnte besonders schnell gearbeitet werden, was sie daher für Zeitungsdruckereien prädestinierte. Die „Monotype" (ab 1897) speichert die Eingabe des Textes zunächst auf einem Lochstreifen, nach dessen Kodierung anschließend eine Gießmaschine die benötigten Lettern in der vom Text vorgegebenen Reihenfolge vollautomatisch produziert und zur Kolumne zusammensetzt. Der Vorteil an dieser Methode liegt vor allem darin, daß wie im Handsatz einzelne Lettern verwendet wurden, die man nachträglich noch manuell korrigieren konnte, während bei der Linotype immer die ganze Zeile neu gesetzt werden mußte.

Der Bleisatz wurde langfristig durch den Photosatz abgelöst, dessen erste Patente zwar beinahe zeitgleich mit der Entwicklung der Bleisatzmaschinen (vgl. Baufeldt u. a. 1998, 112–115) vergeben wurden, der sich aber erst im Laufe des 20. Jahrhunderts langsam etablieren konnte. Er basiert auf der Möglichkeit, Druckformen durch chemische oder galvanische Verfahren herzustellen (s. u.), bei denen Abbildungen und Text von einer transparenten Vorlage direkt auf die zuvor präparierte Druckplatte belichtet werden, d. h. die Buchstaben eines Textes mußten gewissermaßen ‚optisch' gesetzt werden. Ursprünglich belichteten Photosatzgeräte Typen durch kleine Dia-Negative auf die Vorlage. In den sechziger Jahren wurden Kathodenstrahlröhren verwendet, deren Strahl – wie beim Fernsehgerät elektronisch gesteuert – das Zeichen nicht als Einheit belichtete, sondern gewissermaßen auf den Film ‚aufzeichnete'. Die Textfilme des Photosatzes mußten anschließend auf dem Leuchttisch noch gemeinsam mit den Filmen von Abbildungen zu einer Einheit montiert werden, ehe die Druckplatte belichtet werden konnte. Die gesteigerte Leistungsfähigkeit der Computer in den frühen 1980er Jahren machte auch diesen Arbeitsschritt obsolet. Jetzt läßt sich das gesamte Seitenlayout in winzige Einzelpunkte *(dots)* zerlegen. Diese Einzelpunkte werden als rechnerische Einheiten *(bits)* von einer Layoutsoftware verarbeitet, mit der sich der Umbruch virtuell am Monitor vornehmen läßt. Am Ende werden die

Einzelpunkte mittels Laser auf den Film belichtet. Neuere Verfahren belichten bereits direkt auf die Druckplatte. Dieser Entwicklungsschub in Kombination mit qualitativen Verbesserungen im Offsetdruck lösten den Buchdruck aufgrund deutlicher Kostenersparnisse in den achtziger Jahren fast vollständig ab. D.W.

2.2.2. Herstellung von Abbildungen

Mit den Satzverfahren des Buchdrucks lassen sich jedoch nur monochrome Zeichen vervielfältigen, die eine klare Umrißlinie aufweisen (Strichzeichnungen). Dies reicht aber nicht aus für die Reproduktion von Abbildungen mit einem großen Tonwertumfang (Grauwerten oder Farbabstufungen), wie dies für Gemälde oder Photos gilt. Dieses Problem bleibt lange Zeit das zentrale Problem der Druckformherstellung und hat die Weiterentwicklung anderer Druckverfahren neben dem Hochdruck deutlich gefördert. Es sind zwei grundsätzliche Lösungsmöglichkeiten denkbar:

a) echte Halbtöne durch unterschiedlich angemischte Volltonfarben, deren Farbpartikel weißes Licht so remittieren, daß ein spezifischer Farbeindruck entsteht,

b) unechte Halbtöne durch die Ausnutzung der optischen Trägheit menschlichen Sehens. Wird eine bestimmte weiße Fläche durch gleichmäßig verteilte schwarze Anteile gefüllt, entsteht ab einer bestimmten Distanz zwischen Betrachter und Bild der Eindruck einer grauen Fläche. Dies gilt ebenso für Farben. Wird die weiße Fläche mit den drei Grundfarben Magenta, Cyan und Gelb zu verschiedenen Anteilen gefüllt, lassen sich fast alle Farbnuancen simulieren (in der Drucktechnik wird noch Schwarz als vierte ‚Farbe' hinzugenommen, um den Kontrast zu verstärken). In der Praxis kann dieser Effekt durch zwei Methoden erreicht werden: durch graphische Elemente wie Striche oder Punkte (Raster oder Schraffuren) oder durch verschieden dichte Ablagerung der Farbpartikel auf dem Papier.

In der Entwicklungsgeschichte der Druckverfahren ist die Verbesserung der Halbtöne erst spät weiterentwickelt worden. Die Inkunabeldrucker schlossen an die äußere Form der handschriftlichen Tradition an und begannen konsequenterweise mit der Rationalisierung der Textreproduktion, wohingegen Rubrizierung und Kolorierung zunächst weiterhin von Hand vorgenommen wurden. Man hatte zwar bald darauf im Buchdruck durch unterschiedliches Einfärben der Druckform (bzw. mehrfache Druckgänge mit unterschiedlichen Druckformen) eine gewisse Farbigkeit der Drucke erzielt, doch bedeutete dies in jedem Fall einen erheblichen Mehraufwand und kam daher nur sparsam zur Anwendung. Für Abbildungen eignete sich im Buchdruck über lange Zeit beinahe ausschließlich der Holzschnitt als zum Buchdruck kompatible Hochdruckform, der direkt in den Satz eingebaut werden konnte. Zwar wurden in der Frühdruckzeit auch in wenigen Einzelfällen Metallschnitte mit einem Hochdruckrelief eingesetzt, konnten sich aber in der Masse gegen den Werkstoff Holz nicht durchsetzen. Denn bereits in den letzten beiden Jahrzehnten des 15. Jahrhunderts setzt ein neuer graphischer Illustrationsstil ein, der den Holzschnitt von der bloßen Umrißlinie, der die farbigen Flächen faßt, zum autonomen Buchschmuck entwickelt. Dichte Schraffuren ermöglichen Tiefenwirkung und setzen Grauwerte neben den Schwarz-Weiß-Kontrast.

Für sehr viel feinere Schraffuren und eine plastischere Wiedergabe eignet sich der Kupfer- oder Stahlstich (vgl. Koschatzky 1997, 96–102) bzw. die Kaltnadelradierung. Das sind Tiefdruckverfahren, bei dem die zu druckenden Linien nicht herausgearbeitet, sondern lediglich mit feinen Sticheln in die Druckplatte eingeritzt oder -gedrückt werden müssen. Bei Tiefdruckverfahren wird zunächst die gesamte Druckplatte mit Farbe eingerieben und anschließend von der Oberfläche wieder abgewischt, so daß die Farbe nur in den Vertiefungen zurückbleibt. Durch den besonders hohen Anpreßdruck beim Druck wird das Papier in die Vertiefungen hineingedrückt und kommt so mit der Farbe in Kontakt. Die Menge der Farbe in den Vertiefungen kann durch unterschiedliche Gravurtiefe variiert werden. Verwendet man dünnflüssige Druckfarbe, wird auf diese Weise zusätzlich zur Schraffur ein Halbtoneffekt durch die verschieden dichte Ablagerung der Farbpartikel erzielt (van der Linden 1990, 98).

Die zunehmende Nachfrage seit dem 16. Jahrhundert nach reproduzierten Gemälden führte zu einer weiteren Perfektionierung der Tiefdrucktechnik durch Ätzverfahren (Radierung im eigentlichen Sinne), bei denen die Druckplatte zunächst mit einem säurefesten Ätzgrund (Firnis aus Wachs, Harz und Asphalt) bestrichen wird. Der Künstler schabt mit den Zeichengeräten den Ätzgrund an den Stellen weg, an denen später die Vertiefungen geätzt werden sollen. Da die Druckplatte in dieser Phase unbeschädigt bleibt, sind im Gegensatz zu allen bisherigen Verfahren jederzeit Korrekturen möglich. Durch das anschließende Säurebad läßt sich die Furchentiefe zudem besser kontrollieren als mit der manuellen, mechanischen Gravur. Mit der mehrstufigen Ätzung, bei der durch unterschiedliches Abdecken von Bildpartien unterschiedliche Gravurtiefen erreicht werden, können auch Halbtöne erzeugt werden.

Um von der Strichzeichnung zu Halbtonflächen ohne Umrißlinie zu gelangen, wie sie für die Reproduktion von Gemälden oder später von Photos notwendig sind, überzieht man die Druckplatte mit Asphaltstaub (Aquatinta). Auf diese Weise wird ein feines Grundraster erzeugt, da die Säure das Metall nur zwischen den Asphaltkörnern angreifen kann. Beim maschinellen Tiefdruck wird das Raster mit einem computergesteuerten Stichel oder Laser eingearbeitet.

Die Lithographie (griech. *lithos*: Stein, *graphein*: schreiben), erfunden von Alois Senefelder zwischen 1796 und 1799, ermöglicht eine erhebliche Vereinfachung der Reproduktion plastischer Malerei, da der Künstler oder Vorlagenhersteller die Abbildung mit Fettkreiden direkt auf die Druckplatte zeichnen kann (vgl. Koschatzky 1997, 171–194; van der Linden 1990, 163–204). Die

Lithographie nutzt die mikroporöse Struktur einer geschliffenen Kalkschieferplatte als Farbträger. Das Druckbild wird mit fetthaltiger Farbe (z. B. Fettkreide) auf den Stein aufgebracht, anschließend wird der Stein gefeuchtet. An der hydrophoben Farbe perlt das Wasser ab, jedoch wird die Druckfarbe beim Aufstreichen an den vorgezeichneten Stellen aufgenommen, da sie selbst fetthaltig ist. Umgekehrt haftet die Druckfarbe nicht an den übrigen, feuchten Stellen des Steins. In der Praxis ist es aber noch notwendig, den Stein vor dem ersten Druck durch ein chemisches Verfahren zu präparieren. Die übrigen Flachdruckverfahren, die sich aus der Lithographie entwickelten, verwenden anstelle des Steins Metallplatten oder Folien, die durch verschiedene chemische Beschichtungen die gleichen farbannehmenden und -abweisenden Eigenschaften haben.

Weitere Vorteile der Lithographie bestanden darin, Vorlagen zunächst wie eine ganz gewöhnliche Zeichnung seitenrichtig auf Papier anzufertigen und dann durch ein einfaches Verfahren auf die Druckplatte umzukopieren (Autographie). Durch ein ähnliches Verfahren lassen sich sogar von bereits gedruckten Buchseiten Kopien herstellen, ohne dazu die Originaldruckplatte besitzen zu müssen (Anastatischer Druck). Die Technik des Umkopierens machte den Steindruck besonders geeignet für den Mehrfarbendruck. Die Konturzeichnung einer Graphik läßt sich auf einfachem Wege auf verschiedene Steine kopieren und auf jedem Stein mit einer anderen Druckfarbe kolorieren (Chromolithographie). Der Steindruck fand seine Anwendung daher vor allem im Bereich von farbig illustrierten Bilderbüchern, Alben und der Werbegraphik.

Der wissenschaftliche Fortschritt in der Entwicklung photochemischer Prozesse Mitte des 19. Jahrhunderts (Fox Talbot) brachte für alle Druckverfahren eine erhebliche Vereinfachung in der Druckformherstellung mit sich. Vorlagen können nun als transparentes Negativ oder Positiv (je nach Druckverfahren) auf eine lichtempfindliche Gelatineschicht kopiert werden, die zuvor auf einer Druckplatte oder einem Stein aufgebracht worden war. An den belichteten Stellen härtet die Gelatine aus, an den unbelichteten wird sie herausgewaschen. Anschließend werden Platte oder Stein geätzt, wobei die ausgehärtete Gelatine als Ätzgrund und damit als Schutzschicht dient. Andere photochemische Verfahren dieser Zeit bauten in umgekehrter Weise additiv das Druckrelief durch galvanische Verfahren auf der Druckplatte auf, statt sie subtraktiv von der Platte zu entfernen. Die photochemischen Verfahren erlaubten nun eine freie Kombination von Text und Bildelementen auf einer einzigen Druckplatte. Trotzdem kam diese Kombination vorerst nur selten zur Anwendung. Man stellte auf diese Weise vor allem Druckplatten für Graphiken (Klischees) her und baute sie anschließend in den herkömmlich angefertigten Bleisatz ein.

Bahnbrechend für die Reproduktion von Halbtonbildern war die Erfindung der Autotypie (von Georg Meisenbach 1882), nach deren Grundprinzip heute nahezu alle photographischen Abbildungen reproduziert werden. Bei der Autotypie wird ein Bild in ein festes Raster aus vertikalen und horizontalen Linien unterteilt. Der mittlere Farbton einer jeden so beschriebenen Rasterfläche wird auf der Druckvorlage durch einen Volltonkreis (Rasterpunkt) variabler Größe beschrieben. Je heller die Vorlage, desto kleiner der Rasterpunkt, je dunkler desto größer. Aus der Distanz betrachtet erkennt das Auge nicht mehr die Kreise, sondern wandelt das Bild in seine Grauwerte um. Während heute die jeweilige Größe der Rasterpunkte durch den Computer berechnet wird, erzeugt die ursprüngliche Autotypie die Punktgröße auf photographischem Weg durch die Beschaffenheit der Vorlage selbst (daher der Name: griech. *autos*: selbst; *typóein*: abbilden, formen). D.W.

2.2.3. Druckmaschinen

Alle Druckverfahren produzieren für einen wachsenden Markt, der die Drucker Zug um Zug vor Kapazitätsprobleme stellt. Die einzelnen Schritte, die zur Herstellung eines bedruckten Bogens notwendig sind, waren in den Entstehungsjahren der Druckverfahren sehr zahlreich, erforderten handwerkliches Geschick und einen hohen Personalaufwand. Mit steigender Nachfrage mußte nach Lösungen gesucht werden, die immer höhere Auflagen in immer kürzerer Zeit ermöglichten. Die Rationalisierungsansätze betreffen vor allem die am häufigsten wiederkehrenden Vorgänge: a) das Einfärben der Druckform, b) das Einlegen des Druckbogens und c) den Druckvorgang selbst. Die Lösung des Punktes c), also die Frage wie Druckform und Papier zueinander gebracht werden, eröffnet für die anderen beiden Punkte individuelle Weiterentwicklungen. Somit bietet sich die Unterscheidung des Druckvorgangs zugleich als grobe Gliederung der Technikgeschichte an: Druck flach auf flach, Druck rund auf flach und Druck rund auf rund.

Druck flach auf flach
Die Presse der Inkunabeldrucker (vgl. Gerhardt 1975; Hanebutt-Benz 1999) druckte flach gegen flach: auf den flachen Druckstock wurde der Papierbogen plan aufgelegt und durch einen ebenso planen Tiegel angepreßt. Der Anpreßdruck wurde durch das Schraubenprinzip einer Spindel aufgebaut und kam in dieser Form etwa seit dem 5. Jahrhundert n. Chr. in vielen anderen Gebrauchspressen zur Anwendung (Kräuter, Trauben, Papier). Der Druckvorgang war vergleichsweise umständlich: jeder Papierbogen mußte ursprünglich mit Nadeln auf dem sogenannten Deckel fixiert werden bzw. mittels eines Rähmchens, das als eine Art Passepartout auf den Deckel geklappt wurde und zugleich dafür sorgte, daß der Papierbogen plan am Deckel auflag. Dann wurde der Deckel mit dem fixierten Papierbogen auf die Druckform geklappt. Vorher hatte eine zweite Person die Druckerschwärze mit Lederballen auf die Druckform aufgetragen. Anschließend schob man Satz und Papier auf dem Karren unter den Tiegel, zog mit großem Kraftaufwand am Bengel, dem langen, an der Spindel fixierten Hebel, und führte damit den Druck aus. Da der Tiegel der hölzernen Pressen das Fundament des

Druck und Buch 31

Satzes bei großen Formaten nicht abdeckte, wurde in zwei ‚Zügen' gedruckt, dh. nach einem ersten Druckgang der Karren weiter unter den Tiegel vorgeschoben und Druck auf die zweite Hälfte des Fundaments ausgeübt.

Dieses Grundmodell einer Druckerpresse blieb bis ins 19. Jahrhundert hinein beinahe unverändert erhalten. Lediglich die ursprüngliche Holzkonstruktion wurde im Laufe der Zeit durch immer mehr metallene Bauteile ersetzt und Haltbarkeit, Kraftübertragung und Druckpräzision wurden damit verbessert. Erst bei den eisernen Pressen deckte der Tiegel das Fundament vollständig ab, da hier mit einem höheren Anpreßdruck gearbeitet werden konnte. Auch nach der Entwicklung industrieller Druckmaschinen blieb die Tiegelpresse für Kleinauflagen und den Akzidenzdruck ökonomisch sinnvoll und gehörte bis zuletzt zur Grundausstattung einer Buchdruckerei. Heute nutzt man sie häufig noch für Prägedrucke, Urkunden oder für bibliophile Ausgaben. Allerdings wurde das Grundmodell der Tiegelpresse nach 1800 immer stärker modifiziert und rationalisiert. Stark vereinfacht dargestellt führt die Entwicklung zu folgendem Ergebnis: Tiegel und Deckel werden funktional vereinigt, die Anordnung von Druckform und Tiegel dreht von der horizontalen in die vertikale und macht damit die Fahrt des Karrens unter den Tiegel überflüssig. Auch die Spindel entfällt und wird durch einen Kniehebel ersetzt, der eine idealere Kraftübertragung ermöglicht.

Die immer höhere Nachfrage nach Drucksachen, die mit der wirtschaftlichen Erholung Mitteleuropas nach Ende des Dreißigjährigen Krieges (1618–1648) einherging, zeigte schnell die Grenzen der Tiegelpresse, wenn es darum ging, möglichst hohe Auflagen in kurzer Zeit zu produzieren. Zunächst versuchte man durch Multiplikation der Druckstöcke und ihrer Anordnung in Batterien eine Beschleunigung zu erreichen, konnte damit aber keine Kosten reduzieren. Zu Beginn der Industrialisierung unternahm Johann Friedrich Gottlob Koenig (etwa ab 1803) den Versuch, den Druckprozeß im Buchdruck zu automatisieren, ließ dabei aber die Druckeinheit selbst unverändert. Lediglich die einzelnen Handschritte: das Einfärben, die Fahrt des Karrens unter den Tiegel und der Zug am Bengel, wurden von einer uhrwerkartigen Konstruktion übernommen (Suhler Presse). Dennoch blieb diese Apparatur unausgereift und fand keine Verbreitung. Innovativ an der Suhler Presse ist in diesem Stadium bereits die Entwicklung eines auf Walzentechnik basierenden Farbwerks, mit dem die Druckform automatisch eingefärbt wird. Das Prinzip besteht bis heute bei Hoch- und Flachdruck nahezu unverändert.

Druck rund auf flach
1814 nahm Koenig für die britische Zeitung „Times" eine Schnellpresse in Betrieb, die auf Tiegel und Spindel gänzlich verzichtet und durch einen Zylinder als Gegendruckkörper ersetzt. Das Papier wird hier auf den zunächst ruhenden Zylinder gespannt. Währenddessen bleibt der Karren mit der Druckform in ständiger Bewegung, passiert während seiner Fahrt ein Farbwerk und fährt dann unter dem Zylinder hindurch. Nur für den Moment des Vorbeifahrens dreht sich

der Zylinder mit, und der aufgebrachte Papierbogen wird zwischen Druckform und Zylinder hindurchgezogen. Die Konstruktion ließ sich an eine Dampfmaschine anschließen und erreichte so eine Kapazität von acht Drucken pro Minute. Damit war der Grundstein für Massenauflagen gelegt, wie wir sie heute nicht nur im Zeitungsdruck, sondern auch im Buchbereich kennen.

Die Zylindertechnik, die den Buchdruck entscheidend voranbrachte, war im Tiefdruck schon im 16. Jahrhundert bekannt und diente Koenig wohl auch als Vorlage für seine patentierte Schnellpresse. Auch für die maschinelle Lithographie wurde auf einen solchen Zylinder zurückgegriffen. Im Gegensatz zum Tiegel verteilt sich der Kraftübertragung beim Zylinder jeweils nur auf eine sehr kleine Fläche und erreicht damit einen besseren Wirkungsgrad.

Druck rund auf rund
Druckmaschinen mit einseitigen Zylindern können nur sequentiell arbeiten, ihre Druckgeschwindigkeit wird durch die Frequenz bestimmt, mit der sich der Karren hin- und herbewegt. Schon bald nach Erfindung der Schnellpresse kam man deshalb auf die Idee, auch den Karren durch einen Zylinder (Druckzylinder) zu ersetzen und damit einen fortlaufenden Druck ohne Pausen zu ermöglichen. Doch dazu muß die flache, starre Druckform auf die gekrümmte Oberfläche des Zylinders aufgebracht werden. Um dieses Problem zu lösen, versuchte man zunächst, keilförmige Lettern zu gießen, deren Oberflächen genau die Krümmung des Zylinders aufwiesen. Dieses neue typographische System kam in nur wenigen Modellen zur Anwendung und konnte sich nicht durchsetzen. Zum Erfolg führte eine andere Technik, die ursprünglich ein ganz anderes Problem lösen sollte: für Bücher mit häufigen unveränderten Nachauflagen (z. B. Standardwerke, Gesangbücher etc.) mußte anfangs entweder für jede Nachauflage neu gesetzt oder sämtliche Druckformen mit ihrem hohen Materialwert dauerhaft aufbewahrt werden. Seit Beginn des 18. Jahrhundert experimentierte man mit verschiedenen Verfahren, mit denen sich ein Abguß der Originaldruckform aus billigen Materialien wie Gips oder Pappmaché erstellen und bei Bedarf mit der Metallegierung ausgießen ließ (Stereotypie). So konnte man den eigentlichen Satz sofort wieder auflösen und seine Lettern für neue Aufträge verwenden. Im Gegensatz zur Gipsstereotypie ist die Pappmaché-Variante flexibel. Sie läßt sich an die Krümmung des Druckzylinders anpassen und dann ausgießen. Auf diese Weise konnten gebogene Hochdruckformen ohne die kostspielige Anschaffung neuer typographischer Systeme hergestellt werden. Das Pappmaché wurde später durch Materialien wie Kautschuk oder Kunststoff ersetzt.

Im Tiefdruck (vgl. Lilien 1978) besteht das Problem nicht darin, die Druckform auf den Zylinder zu bringen, denn Metallformen lassen sich relativ einfach auf die gewünschte Krümmung zurechtbiegen. Das Problem liegt vielmehr in der Frage des automatisierten Einfärbens und in der beschränkten Haltbarkeit der Kupfer, die keine Großauflagen zulassen.

Druck und Buch 33

Das Problem des Einfärbens wurde bereits um 1780 in der britischen Textilindustrie gelöst. Der dort verwendete Textildruck zum Aufbringen von endlosen Farbmustern auf den Stoffbahnen basiert ebenfalls auf dem Tiefdruckverfahren. Die relativ niedrige Auflösungsqualität der Drucke und die Endlosproduktion sind geradezu prädestiniert für eine Vollautomatisierung. Man läßt den Druckzylinder in der unteren Hälfte in einem Farbbad drehen (bzw. durch eine Farbwalze einfärben) und die überschüssige Farbe an der Zylinderoberfläche anschließend mit einem scharfen Messer (Rakel) abziehen, das auf dem Zylinder schleift. Dieses patentierte Prinzip wurde Anfang des 19. Jahrhundert für Papierdrucke übernommen und veränderte sich seither kaum.

Das zweite Problem, auflagenfeste und zugleich immer filigranere Druckformen herzustellen (z. B. für Banknoten), führte zunächst zu einer Wiederbelebung des Stahlstiches. Die Ideallösung wurde schließlich in der Galvanisierung von Kupferstichen gefunden, d. h. in der nachträglichen Verstählung oder Verchromung der Kupferplatte durch elektrolytisches Aufbringen einer hauchdünnen Stahl- oder Chromschicht. Auch diese Technik ist vom Prinzip her bis zum heutigen Tag beibehalten worden.

Das Bedrucken von Stoffbahnen im Textildruck legt es nahe, auch Papier in langen Bahnen zu bedrucken und im nachhinein auf die gewünschte Bogengröße zurechtzuschneiden. Doch erst die Fortschritte in der Papierherstellung (s. 2.3.) ließen einen Rollenrotationsdruck zu, wie er zunächst für die Zeitungsindustrie, später auch für die Buchproduktion eingesetzt wird. Die Papierbahnen, über Zylinder gelenkt, ersparen hier auch das mühsame Einlegen der Bögen von Hand oder durch störungsanfällige technische Vorrichtungen. Auf diese Weise können Druckmaschinen heute eine Leistung von dreißig bis fünfzig bedruckten Papierkilometern pro Stunde erbringen.

Auch für den Steindruck wurde nach Lösungen gesucht, mit Druckzylindern zu arbeiten und damit den schnellen Rotationsdruck zu ermöglichen. Da sich der Stein nicht verformen läßt und auch keine Stereotypie möglich ist, suchte man nach alternativen Materialien mit äquivalenten Druckeigenschaften. Brauchbare, aber nicht zufriedenstellende Ergebnisse erzielte man zunächst mit Zinkblechen. Der Durchbruch des Rotationsflachdrucks erfolgte dann aber auf der Basis von Aluminiumplatten, deren Perfektionierung sich noch bis in die Gegenwart hinzieht. Der moderne Flachdruck (Offset) ist heute wegen seiner hohen Qualität und seinen universellen Einsatzmöglichkeiten bei gleichzeitig sehr günstigen Materialkosten für die Druckformherstellung das meistverwendete Druckverfahren für Auflagen unter 300 000 Exemplaren (darüber wird, je nach Seitenumfang der Drucksache, der Tiefdruck wegen seines größeren Rollenformats und der besonderen Haltbarkeit der Druckformen rentabel). Die Bezeichnung ‚Offsetdruck' bezieht sich allerdings nicht auf eine spezifische Eigenart eines Druckverfahrens, sondern auf den indirekten Farbübertrag von der Druckform auf das Papier über einen zwischengelagerten, gummibespannten Zylinder (engl.

to set off: absetzen); d. h. der zwischengelagerte Zylinder nimmt zunächst die Druckfarbe von der Druckform auf und gibt sie dann an den Papierbogen weiter. Ursprünglich wurde diese Technik für das Bedrucken von Blech und anderen spröden Materialien entwickelt, die nicht direkt auf einen Lithostein, eine Zink- oder Aluminiumplatte gepreßt werden konnten, ohne diese zu beschädigen. Es zeigte sich aber, daß dieser indirekte Abdruck über einen flexiblen Gummizylinder – im Gegensatz zu einem Abdruck über eine starre Druckplatte – auch auf harten, rauhen oder strukturierten Papieren eine bessere Abbildungsqualität erzeugt und setzte sich daher im Flachdruck als gängiges Prinzip durch.

Am Ende der Entwicklung steht allein das Problem, daß sich die Drucklegung eines Buchs oder eines anderen Printmediums wegen der Kosten für die Druckformherstellung und Einrichtung der Maschinen nur dann rechnet, wenn zumindest eine bestimmte Auflage gedruckt und vorfinanziert wird. Die kostenintensive Lagerhaltung oder gar die Makulatur unverkäuflicher Exemplare ist seit jeher unliebsames Risiko der Buchhändler und Verleger.

Die gegenwärtige Entwicklung versucht dieses letzte Problem durch die Weiterentwicklung der Elektrophotographie zu lösen. Das Grundprinzip der Elektrophotographie entspricht den Flachdruckverfahren mit dem Unterschied, daß das Druckprinzip nicht auf der Basis von Fett und Wasser, sondern auf der Basis elektrostatischer Anziehung beruht. Die Farbe (Toner) ist hier ein trockenes Pulver aus gefärbtem Harz, das negativ aufgeladen wird. Auch der Druckzylinder (Trommel) wird negativ aufgeladen, doch hat seine spezielle Oberflächenbeschichtung die Eigenschaft, durch Lichtbestrahlung (Laser) die Ladung zu verlieren. So bleibt der Toner nur an den neutralisierten Stellen haften und wird von den gleichpoligen, nichtbelichteten Stellen abgestoßen (Bebilderung). Schließlich wird der Tonerstaub ebenfalls elektrostatisch von der Trommel auf den Papierbogen übertragen und das Tonerharz durch eine heiße Walze dauerhaft fixiert. Da bei der Elektrophotographie eine materielle Druckform fehlt, rechnet man sie trotz aller Parallelen nicht dem Flachdruck, sondern den NIP-Verfahren (Non-Impact Printing) zu. Ganz ähnlich arbeiten die Ionographie oder die Magnetographie, die sich durch die Methode der Bebilderung von der Elektrophotographie unterscheiden. Andere NIP-Verfahren übertragen Druckfarbe oder Toner direkt auf Trommel oder Papier (eine detaillierte Übersicht findet sich im Handbuch der Printmedien 2000, 708–793).

Allen NIP-Verfahren gemein ist, daß sich einzelne Bücher im fortlaufenden Druck von der ersten bis zur letzten Seite ohne Umrüstkosten herstellen lassen. Damit wird es möglich, Bücher erst auf Bestellung des Kunden anzufertigen (printing on demand) und auf die Vorratsproduktion zu verzichten. Dieses Verfahren bietet sich aktuell vor allem für die individuelle Nachauflage längst vergriffener Titel an, erreicht aber noch nicht die Qualität der herkömmlichen Druckverfahren. D.W.

2.3. Beschreib- und Bedruckstoffe, Formate

Das Buch als Text- und Bildträger ist an ein physisches Substrat, den Beschreiboder Bedruckstoff, gebunden. Die Rohstoffe, aus denen dieses Trägermaterial gewonnen werden kann, nehmen Einfluß auf die Form und die Ausstattung des Buches; darüber hinaus sind ihre Verfügbarkeit sowie der erforderliche Grad ihrer manuellen oder maschinellen Verarbeitung wesentliche Faktoren der Buchökonomie und bestimmen damit indirekt die Menge der verschrifteten Texte sowie ihre Überlieferung und Verbreitung. So strukturieren nicht nur soziokulturelle Faktoren wie die schriftkulturelle Durchdringung gesellschaftlicher Gruppen Kommunikationssysteme, sondern auch die spezifische Leistungsfähigkeit des materiellen Substrats.

Während für den Papyrus als Beschreibstoff (zum Folgenden vgl. Mazal 1994) von der Normalform der Buchrolle auszugehen ist (Verwendung vermutlich bereits im 4. Jahrtausend v. Chr.), besteht das Buch in der Kodexform (seit dem 1. Jahrhundert n. Chr.) in aller Regel aus Lagen von Pergament oder Papier. Diese zeichnen sich gegenüber dem Papyrus prinzipiell durch die Möglichkeit der Lagenbildung über eine Falzung der Bogen sowie die zweiseitige Beschreib- und Bedruckbarkeit aus. Auch können die Oberflächen beider Trägermaterialien so bearbeitet und verfeinert werden, daß sie sich für Buchmalerei (vorwiegend auf Pergament) und Zeichnungen (handkolorierte Federzeichnung überwiegend auf Papier) bzw. graphische Drucktechniken eignen. Weder der Grundstoff des Pergaments (von Fleischresten und Haaren gereinigte und getrocknete Tierhaut) noch die Blattbildung beim Papier (aus Faserbrei) präjudizieren aber die rechteckige Form des Blattes bzw. das Buchformat; Kuriositäten wie ein runder oder herzförmiger Kodex sind die Ausnahme (vgl. Bischoff 1986, 45). Man muß davon ausgehen, daß Pergament und Papier in aller Regel so ausgenutzt werden, daß nur wenig Verschnitt anfällt.

Pergament (verstärkt seit dem 2. Jahrhundert n. Chr. in Gebrauch) macht das Buch zu einem kostbaren Gut. In Zeiten, die zum ökonomischen Umgang mit Rohstoffen gezwungen sind – und das Mittelalter ist diesen zuzurechnen – ist Leder (die chemische Behandlung der Gerbung unterscheidet dieses vom luftgetrockneten Pergament) ein wertvoller Grundstoff für verschiedenste Zwecke der Bekleidung, des Wohnens, des Transports etc. Die Verarbeitung von Schaf- und Ziegenhäuten oder Kalbfellen zu Pergament steht damit in Konkurrenz zu alltagsweltlichen Bedürfnissen. Als Bedruckstoff findet Pergament in der Handpressenzeit bereits in der Inkunabelperiode nur in kleinen (Teil-)Auflagen für Luxusdrucke mit hohem Ausstattungsniveau Verwendung. Die frühen, durch Pergament gegenüber Papier strapazierfähigeren Donatdrucke (Grammatiken für den Schulunterricht) bleiben eine Ausnahme.

Papier (vgl. zum Folgenden bes. Kühn/Michel 1986) ist eine chinesische Erfindung (archäologisch belegt für das 2. Jahrhundert v. Chr.) und gelangt mit den Arabern, die seit dem 8. Jahrhundert aufgrund der Kenntnis der chinesischen Papierproduktion selbst Papier herstellen, über Spanien nach Europa. Das Hadern- oder Lumpenpapier, das in seiner für Europa typischen Herstellungstechnik seit der Mitte des 13. Jahrhunderts zunächst in Italien (älteste urkundlich belegte Mühle 1256 in Foligno, erste nachweisbare Gründung einer Papiermühle im deutschsprachigen Raum 1389/90 in Nürnberg) produziert wird, befriedigt die seit der Mitte des 14. Jahrhunderts sprunghaft wachsende Nachfrage nach einem preiswerten Beschreibstoff. Als unter Manufakturbedingungen hergestellte Ware wird Papier europaweit gehandelt. Der nun gegenüber dem Pergament preiswertere und leichter erhältliche Beschreibstoff trägt einen Schriftlichkeitsschub, der durch Verwaltung, Handel und nicht zuletzt literarische Bedürfnisse neuer, nun auch laikaler Bildungsschichten in den Städten hervorgerufen wird.

Papier wird nach DIN (Deutsches Institut für Normung e.V.) 6730 definiert als „flächiger, im wesentlichen aus Fasern meist pflanzlicher Herkunft bestehender Werkstoff, der durch Entwässern einer Faserstoffaufschwemmung auf einem Sieb gebildet wird". Grundstoff des Hadernpapiers sind Abfallprodukte: Lumpen (Leinen, Hanf und Baumwolle) unterschiedlicher Qualität. Am Beginn des Produktionsprozesses steht das mechanische Zerfasern der sortierten und angefaulten Lumpen zum Halbzeug in mit Wasserkraft betriebenen und mit Wasser gefüllten Stampfwerken (seit dem 18. Jahrhundert im Kollergang, dem Holländer). Der stark mit Wasser verdünnte Faserbrei (Ganzzeug) wird mit einem Schöpfsieb (Metallgeflecht im Holzrahmen) aus der Bütte gehoben, geschüttelt und der so entstandene Bogen anschließend zwischen Filzen gegautscht (gepreßt und entwässert), getrocknet und geglättet; Schreibpapier wird zur Verringerung der Saugfähigkeit geleimt. Je nach Art der verwendeten Lumpen und der Feinheit des Schöpfsiebes enthält man unterschiedliche Papierqualitäten. Die Haltbarkeit des Hadernpapiers ist insgesamt hoch, da es durch die Aufbereitung der Lumpen in einem alkalischen Bad basisch reagiert. Für den Buchdruck steht ein widerstandsfähiger, zweiseitig verwendbarer Bedruckstoff zur Verfügung, der dem unter der Presse ausgeübten mechanischen Druck und den z.T. mehrfach wiederholten Feuchtungs- und Trocknungsprozessen standhält.

Der stetig steigende Papierbedarf hatte bereits im 16. Jahrhundert zur Rohstoffknappheit (Privileg des Lumpensammelns) geführt. Dieser Engpaß wird in der industriellen Papierproduktion vor allem durch Holzfasern in Form von Holzschliff (mechanische Zerkleinerung der Fasern, erstmals durch Friedrich Gottlob Keller 1843) oder Cellulose (das Lignin ist aus den Holzfasern durch Sulfit- oder Sulfatverfahren herausgelöst worden) in der zweiten Hälfte des 19. Jahrhunderts überwunden. Neu ist auch die Masseleimung der Fasersuspension mit Harzleim (Moritz Friedrich Illig 1806). Das bei der Masseleimung zugesetzte Aluminiumsulfat, das die Anlagerung des Harzes an die Faser begünstigt, mindert allerdings durch die saure Reaktion die Altersbeständigkeit des Papiers. Die Lösung der Rohstofffrage arbeitet der maschinellen Papierproduktion insbesondere auf der Langsiebmaschine zu (Nicolas Louis Robert 1798), bei der Stoffauflauf, Siebpartie, Pressenpartie und Aufrollung hintereinander geschaltet sind. Die endlose Papierbahn kann verschiedene weitere Arbeits- bzw. Veredelungsgänge durchlaufen, so wird durch den Auftrag einer Streichmasse in der Streichanlage die durch die Faserstruktur unregelmäßige Oberfläche ausgeglichen und damit Bedruckbarkeit und Aussehen des Papiers verbessert. Durch Glätten und Satinieren gestrichener wie ungestrichener Papiere (u. a. im Glättzylinder, dem Kalander) erzielt man glänzende Oberflächen. Die Weiterverarbeitung erfolgt zu Rollen mit geringerem Durchmesser oder kleinerer Breite sowie durch Zuschneiden von Formatpapier.

Heute stehen für eine Vielzahl von Druckerfordernissen unterschiedlichste Papiersorten und -qualitäten zur Verfügung, die durch Rohstoff- und Stoffaufbereitung, den Zusatz von Hilfsstoffen (Füllstoffe, Leimstoffe, Farben und optische Aufheller), die maschinelle Verarbeitung, sowie die Veredelung und Ausrüstung erzeugt werden. In der Buchproduktion kommen vor allem Werkdruckpapiere (ungestrichene, teils satinierte Naturpapiere) zum Einsatz, die für den Textdruck und Strichabbildungen geeignet sind. Geglättete Naturpapiere lassen sich im Offsetdruck auch mit Bildern bedrucken, während für den anspruchsvollen Farbbilddruck (z.B. Kunstbuch, Reisebuch) meist gestrichene (glänzende oder matte) Papiere gewählt werden.

Der beschriebene oder bedruckte Bogen aus Pergament oder Papier ist die Grundlage für die *Lagenbildung* des Buches in der Kodexform. Eine Falzlage kann aus einem einzigen ein- oder mehrfach gefalteten Bogen bestehen, oder mehrere gefaltete Bogen werden zu einer Heftlage ineinander gelegt. In der richtigen Reihenfolge zusammengetragen, bilden die Lagen den Buchblock, der beschnitten und mit einem Einband oder Umschlag versehen wird. Das Format des Buches wird also durch die Größe des Ausgangsbogens sowie die Art und die Anzahl der Falzungen (Brechungen) des Bogens bestimmt.

Die mittelalterliche Pergamenthandschrift besteht im festländischen Europa zumeist aus regelmäßigen Lagen von vier ineinander geschobenen, einmal gefalteten Doppelblättern (Quaternio). Für die Pergamenthandschriften ist es nicht sinnvoll Standardformatbezeichnungen anzugeben, da die Größe des Buchblocks und das Verhältnis von Höhe und Breite der Blätter vom verwendbaren Rechteck abhängt, das aus den Pergamenten geschnitten wird. Dementsprechend und auch abhängig vom Buchtypus variieren die Größen sehr stark. So kann die Größe von Bibelhandschriften von den kleinformatigen Pariser Taschenbibeln des 13. Jahrhunderts (sogenannte Perlbibeln; ca. 14,5 x 10 cm) bis zur Riesenbibel (z.B. der Codex Gigas, 13. Jahrhundert, ca. 89,3 x 49 cm) reichen (vgl. Bischoff 1986, 37f. u. 43f.). Eine größere Regelmäßigkeit der Buchformate zeigen die Papierhandschriften des späteren Mittelalters, da das manufakturmäßig hergestellte Papier meist in vier Standardgrößen gehandelt wurde. Im 14. und 15. Jahrhundert sind die gebräuchlichen Bogengrößen: (Forma) imperialis (ca. 74 x 50 cm), regalis (ca.

61,5 x 44,5 cm), mediana (ca. 51,5 x 34,5 cm) und das Kanzleipapier (45 x 31,5 cm). Diese vier Bogengrößen sind auch während der gesamten Handpressenzeit in Gebrauch. Beim Drucken in Formen stehen auf dem ausgedruckten Bogen auf der Schöndruckseite (Vorderseite) wie auf der Widerdruckseite (Rückseite) entsprechend des gewählten Buchformats mehrere Textkolumnen (Seiten). Werden auf das Ausgangsformat des Bogens zwei Seiten nebeneinander auf die Schöndruckseite und zwei Seiten auf die Rückseite gedruckt, entsteht durch einmalige Falzung Folio (2°; 2 Blätter). Acht Seiten und zweimalige Brechung ergeben Quart (4°; vier Blätter), 16 Seiten und dreimalige Brechung Oktav (8°; 8 Blätter). Dabei bleibt die Proportion von Höhe und Breite erhalten, nur das Format verkleinert sich. Neben diesen gebräuchlichsten Formaten kennt das Buch der Handpressenzeit mehr als 150 Hoch- und Querformate (vgl. Gaskell 1995, 78–107). Die Zahl der möglichen Falzungen ist allerdings von dem Volumen des Papiers – dünnere Papiere lassen sich öfter falzen als dicke – und der buchbinderischen Verarbeitung abhängig. Heute entspricht eine gemessene Rückenhöhe bis 25 cm der (alten) Formatbezeichnung Oktav, 25–35 cm Quart, 35–45 cm Folio, über 45 cm spricht man von Groß-Folio; diese Bezeichnungen spielen allerdings in buchhändlerischen und bibliothekarischen Zusammenhängen keine große Rolle mehr.

Für den modernen Maschinendruck kann Papier für den Rollenrotationsdruck oder Planopapier für den Bogendruck in unterschiedlichsten Ausgangsformaten bezogen werden. Diese Formte sind so bemessen, daß sie die jeweils gewünschten Buchformate ergeben; sie korrespondieren auch mit den unterschiedlichen Größen der Druckmaschinen. Die Wahl der jeweiligen Maschinenklasse (d. h. das Format der Druckmaschine) hängt wesentlich von der Höhe der Auflage ab. Häufig ist das Bogenformat (Druckformat) identisch mit dem Falzformat, es kann aus ökonomischen Gründen aber auch der Druck im Doppel- oder Mehrfachformat des Falzbogens in einer Form zum Umschlagen gedruckt werden. In solchen Fällen wird der Druckbogen vor dem Falzen getrennt.   U.R.

2.4. Typographie und Text digital

Geht man von einem Buchbegriff aus, der wesentlich durch eine feste Verbindung von Zeichen mit einem Trägerstoff bestimmt ist, rüttelt die Metapher des ‚elektronischen Buchs' an den Grundfesten dieser Definition. Repräsentationen von Zeichen auf dem Bildschirm lösen die dauerhafte und prinzipiell nicht rückgängig zu machende Instantiierung von Zeichen in ein physisches Substrat auf, da über binäre Codes und elektrische Impulse generierte und elektromagnetisch gespeicherte Text- und Bildinformationen flüchtig, d. h. jederzeit veränderbar sind, ohne einen materiellen Rückstand zu hinterlassen. Dies hat gravierende Folgen für die Standardisierung und Normierung von Drucktexten sowie den

Text im referentiellen Bezug. Konventionalisierte Nutzungsformen, wie sie sich mit der Umstellung skriptographischer Vervielfältigung auf das typographische Verfahren seit einem halben Jahrtausend durchgesetzt haben, verändern sich. Alle Verfahren zur Druckformherstellung einschließlich des Lichtsatzes basieren auf dem Prinzip der Herstellung normierter und standardisierter identischer Einheiten: sei es im Bereich des einzelnen Zeichens (Buchstabens), der Seite oder innerhalb einer Auflage, d. h. der aus einer Form in zeitlichem Zusammenhang erzielten Exemplare. Auf dieser Invarianz eines einmal in einer bestimmten Gestalt (und Auflage) kodifizierten Textes beruht jede alltagsweltliche Rekurrenz auf ein bestimmtes Buch als singulärem Gegenstand bis hin zum wissenschaftlichen Zitationswesen und der Bibliographie, die sich idealiter auf die Gesamtheit der jeweils identischen Exemplare bezieht. Die vergleichsweise mühelose Aktualisierbarkeit und Korrigierbarkeit, die zu den Vorteilen digitaler Texte gehören, kollidieren hier mit eingeübten Verständigungsformen.

Das physische Buch vermittelt dem Benutzer auf intuitivem Wege über optische und haptische Eigenschaften Vorabinformationen, ohne daß gelesen werden muß. So kann aus Format und Umfang des Buches auf die Textlänge geschlossen werden, zusammen mit Ausstattung und Layout lassen sich weitere Vermutungen über Textsorten und Buchtypen anstellen. Hinzu kommen buchspezifische Orientierungsformen. So bietet das Blättern eine schnelle und unkomplizierte Möglichkeit, die Vorabinformationen zu überprüfen oder zu vertiefen. Weiter konstituieren die Buchdeckel Text- oder Werkgrenzen und vermitteln die deutliche Vorstellung einer abgeschlossenen Einheit mit Anfang, Mitte und Ende.

Texte in digitalisierter Form hingegen sind dem rechteckigen Rahmen des Bildschirms angepaßt, der die Seitenränder vertritt. Die haptisch-kinetischen und einige der optischen Eigenschaften des ‚Buchtextes' entfallen damit bzw. müssen durch eine andere Organisation der Schreibfläche ersetzt werden (vgl. Gabriel 1997, 49–88). Die Größe und Anzahl der Knoten (autonome Dokumente oder Informationseinheiten), die analog zu Buch-, Kapitel- oder Absatzeinheiten stehen können, sowie ihre Beziehung zueinander ist zunächst nicht offensichtlich, ebenso wie es keine klar definierte Buchseite gibt. Dem Blättern im Buch entspricht einmal das ‚Scrollen' (Rollen) in nach oben und unten räumlich nicht begrenzten Dokumenten, wobei die jeweilige Position im Text über den Cursor in der Menüleiste oder ähnliche Visualisierungen haptischer Ereignisse angezeigt werden kann. Eine weitere Navigationsmöglichkeit wird durch Hypertext geboten, wobei einzelne ‚Knoten' (Dokumente) über Hyperlinks verbunden werden. Die Links als Ausgangspunkte (unidirektional oder bidirektional mit einem oder mehreren Zielpunkten) können zu Zielstellen innerhalb ein- und desselben Dokumentes führen, unabhängige Dokumente verknüpfen oder die Navigation in umfangreichen Datenbanken strukturieren.

Hypertextstrukturen ersetzen in digitalen Texten linear-sequentielle Ordnungen, wie sie dem Buch entsprechen. Die neuen Formen nichtlinearer Textdarbietung, die dem Nutzer eine variable Zuordnung von Informationseinheiten erlauben, erfordern zunehmend nichtlineare Verarbeitungsstrategien. Die Art der Verbindung der Knoten mit unterschiedlichen Verlinkungsarten sowie die Knotengröße erfordern besondere Aufmerksamkeit, wenn Orientierungsverlust und kognitive Überlastung vermieden werden sollen. Eine möglichst intuitive Nutzerführung und die sinnvolle Gestaltung der Benutzungsschnittstellen und der Bedienelemente sowie eine mitgeführte Kartierung der Dokumentverknüpfungen, ‚Link-mapping' oder ‚Historylisten' sind neben der Lesbarkeit für die Akzeptanz von Bildschirmtexten entscheidend.

Zu den Vorteilen digitalisierter Texte gehören Retrievalfunktionen, die dem Nutzer gezielte Suchmöglichkeiten eröffnen. Komplexe Retrievalfunktionen (z. B. die Arbeit mit den Booleschen Operatoren ‚und', ‚oder' und ‚nicht'), ermöglichen einen schnellen und umfassenden Informationszugriff sowie vielschichtige Recherchen. Vollends wird die Form des traditionellen Buchmediums in Multimedia-Anwendungen gesprengt, indem statische und bewegte Bilder oder Töne in Dokumente integriert werden. Auch die Farbigkeit der Bildschirmdarstellung, die eher dem Bild als dem Text adäquat ist, übertrifft das im Buch ökonomisch sinnvoll Machbare.

Unbefriedigend ist zur Zeit die Lesbarkeit von Bildschirmtexten: man liest langsamer, das Lesen ermüdet schnell. Dies hat mehrere Gründe. Die weitgehende Immobilität der Hardware, die ja auch der Laptop nicht ganz auszugleichen vermag, zwingt zur Benutzung des Computers in einer relativ starren Körperhaltung. Solange der Computer wesentlich ein Arbeits- und Schreibinstrument bleibt, läßt sich dies verschmerzen, anders ist es beim Lesen zur Information und Unterhaltung. Ob die eBooks, die zur Zeit mit leichter Ware im Unterhaltungs- und Sachbuchbereich (also dem typischen ‚Wegwerfbuch') gefüttert werden, das Taschenbuch ersetzen werden, bleibt abzuwarten. Jedenfalls scheint eine neue Studie zu bestätigen, daß als befriedigend empfundene Lesesituationen wesentlich durch den Zugang zum Buch über die Hand, also die haptischen Qualitäten, verlaufen, und nicht allein über das Auge (vgl. Gross 2001).

Ein Grund für die schnelle Ermüdung des Auges liegt in der Auflösungsqualität des Bildschirms (vgl. auch Erben/Götz 1998, bes. 69–105). Einer Bitmap (zweidimensionaler Speicherbereich, der für die Darstellung der Bildpunkte am Bildschirm verantwortlich ist) liegt nur eine Auflösung von 72 dpi *(dots per inch)* zugrunde, während gedruckter Text mindestens in 1 200 bis 2 400 dpi aufgelöst wird. Rundungen und Schrägen von Schriften wirken durch die gröbere Darstellung der Pixel *(picture elements)* insbesondere bei kleinen Schriftgraden stark gestuft. Konsultations- und Leseschriftgrade bis 20 Punkt erfordern das ‚Glätten' der Konturen durch das Einfügen von Pixeln unterschiedlicher Helligkeit, mit denen die Stufen optisch ausgeglichen werden *(anti aliasing)*.

Nicht alle Schriften, die für den Druck entwickelt wurden, eignen sich für den Bildschirm. Serifenlose (Grotesk-)Schriften sind besser geeignet als Antiquaschriften. Sie kommen der quadratischen Rasterung des Bildschirmaufbaus entgegen, während Serifen, Schräglagen und dünne Schriftstärken zu ‚Treppen' führen. Ebensowenig lassen sich typographische Erfahrungen bezüglich des Einsatzes von Schriftgraden (für die Bildschirmdarstellung eher größer: 11–14 Punkt), der Zahl der Zeichen pro Zeile (eher weniger: ca. 35 Zeichen), der Buchstaben- und Wortabstände (eher größere Laufweite und größere Spationierung als auf dem Papier) sowie des Durchschusses (größerer Zeilenabstand: ca. 150 Prozent des kompressen Satzes) auf den Bildschirmtext übertragen.   U.R.

3. Das Buch in der Gesellschaft

Als materielles Objekt ist das Buch Produkt bestimmter Herstellungstechniken (Kapitel 2), als Ware wird es auf dem Buchmarkt gehandelt (Kapitel 4 und 5). Damit ist das Buch in seiner Eigenschaft als Kommunikationsmedium aber nicht zureichend erfaßt. Das folgende Kapitel versucht deshalb, Funktionen des Buches in gesellschaftlichen Zusammenhängen zu beschreiben. Dies geschieht einerseits in Abgrenzung zu den generellen Funktionen von Schrift und Schriftlichkeit, andererseits wird die Spezifik der Buchkommunikation im Vergleich mit den audiovisuellen Medien sichtbar. Die Komplexität der gesellschaftlichen Funktionen des Buches ist im Rahmen der vorliegenden Publikation allerdings nicht annähernd zu erfassen. Angemerkt sei auch, daß sich das Fehlen einer ausgearbeiteten Theorie des Buches gerade hier besonders erschwerend auswirkt.

U.R.

3.1. Zum Funktionsbegriff in der Buchkommunikation

Zunächst muß der Funktionsbegriff kurz erläutert werden. Im Gegensatz zum hermeneutischen oder psychologischen Begriff der Intention bzw. der – empirisch zu beschreibenden – Wirkung sind die kommunikativen Funktionen des Buches gemeint, die sich aus seiner medienspezifischen Leistung (zum Leistungsbegriff vgl. Saxer 1999, 10) ergeben. Diese ist *erstens* definiert durch das buchspezifische Zeichensystem, das sich aus seiner Eigenschaft als an Schrift in einer bestimmten Materialität gebundenes Medium ergibt. Funktionen der Buchschriftlichkeit sind Teilfunktionen von Schriftlichkeit generell. Hinzu kommen sprachunabhängige Sekundärfunktionen über das Bild, da sich das Buch in der Kodexform seit seinen Anfängen der Illustration öffnet; diese ist jedoch nicht autonom, auch wenn der Text auf die reine Bilderklärung reduziert sein kann. Das ‚Bilderbuch' als Kinderbuch ist eine Sonderform. *Zweitens* gehört zur Leistung des Buches sein konkretes inhaltliches Angebot. Es dürfte kaum möglich sein, in der historischen Deskription eine klare Grenze zwischen Text- und Buchfunktionen zu ziehen, andererseits verbietet es sich aus methodisch-systematischen Gründen, Textfunktionen unreflektiert mit Buchfunktionen gleichzusetzen. Gerade die materiell definierte Differenz zwischen Text und Buch – oder zwischen geistigem Erzeugnis und gehandeltem Artefakt – ist verantwortlich für die Aporien des Buches. Als materieller Gegenstand rückt es in die Nähe jeder anderen massenhaft produzierten Handelsware, während seine Inhalte, die nicht ohne weiteres substituierbar sind, es zu „Sonderanfertigungen einer Mitteilung" (Gruschka 1995, 22) machen. Für den Leser hängt der Nutzen, den er aus dem Buch zu ziehen hofft, vom Inhalt ab. Und *drittens* gehört zur Leistung die Akzeptanz, die das Buch als Kommunikationsmedium findet. Die kollektive Bewertung der Rolle des Buches bzw. der Stellenwert, der ihm in einer Gesellschaft zugewiesen wird, steht in Beziehung zu anderen Kommunikationsmedien und deren Leistungsvermögen. Und *viertens* sind sekundäre, symbolische Funktionen an das Buch geknüpft. Sekundäre Funktionen des Buches setzen zwar voraus, daß das Buch als Schriftträger anerkannt ist, machen aber vom Inhalt keinen direkten Gebrauch, so z.B. wenn das Buch zum Sammelobjekt wird oder der Statusaufwertung des Besitzers dient. Ebenso wie der magische oder apotropäische Gebrauch sind symbolische Gebrauchsfunktionen meist enger an den Buchkörper als an die Schrift gebunden. U.R.

3.2. Schriftkommunikation

Schrift ist allgemein ein „Mittel zur Verdauerung des in sich flüchtigen sprachlichen Grundgeschehens" (Ehlich 1994, 18; dieser Artikel auch grundlegend zum Folgenden). Da ein Großteil des menschlichen Wissens, darunter insbesondere auch wissenschaftliches Wissen, auf Kontinuität zielt, erweist sich die mündliche Vertextung (Text als Wiederaufnahme einer Mitteilung) als wenig effizient für die Weitergabe von Wissen wie auch für eine zeit- und raumübergreifende Bereitstellung. Mit der Schriftform der Sprache löst sich Kommunikation aus dem situativen Kontext der unmittelbaren Sprechhandlung; der materielle Schriftspeicher ermöglicht die diachrone Entzerrung sowie die räumliche Mobilität der Informationsübermittlung. Auf einer ersten Stufe kann die schriftliche Vertextung mittels einfacher Instantiierungen geschehen, die noch zahlreicher mündlicher Stützmaßnahmen (z.B. Ritus, situative Einbindung) bedürfen. Demgegenüber bedeutet eine zweite Stufe eine prinzipielle Loslösung von der Sprechsituation. Zwar geht mit der Verschriftung eine Dekomplexisierung mündlicher Kommunikation einher, schriftliche Sprache bildet aber eigene Strukturen auf der Sprachebene aus (vgl. Ehlich 1994, 20–24) sowie eine Vielfalt von Textsorten und Textformen für unterschiedliche Überlieferungszwecke (vgl. ebd. 26f.).

Der Umgang mit schriftlicher Sprache erfordert vom Leser andere und umfangreichere Verstehensleistungen als vom Hörer. Zunächst einmal ist schriftliche Kommunikation abstrakter als mündliche. Sprache an sich besitzt eine abstrakte Struktur, die in der Verschriftung sprachlicher Laute einer sekundären Semiotisierung und damit einer weiteren Abstraktionsstufe unterzogen wird. Im Unterschied zum Hörer werden dem Leser anstrengende Rekonstruktionsprozesse abverlangt: diese sind länger und aufwendiger. Schreiben und Lesen müssen als kulturelle Praktiken erlernt werden, wobei durch die institutionelle Vermittlung etwa in der Schule eine weitere Standardisierung der schriftlichen Sprache bis hin zur Schriftsprache erreicht wird. Aber selbst bei erworbener Routine in der Lesefertigkeit und der Beherrschung der Standardsprache ist Lesen offenbar anstrengend. Im Unterschied zum situativ eingebundenen mündlichen Sprechen und Hören sind die Kommunikationsteilnehmer auf die visuellen und haptischen Qualitäten des materiellen Trägers zurückgeworfen. Die Verdinglichung des Textes verlangt vom Leser weitere spezifische Rekonstruktionsleistungen, die nicht nur ein Vorwissen bestimmter Textformen und -sorten einfordern, sondern auch die Vertrautheit mit ihrer Präsentation auf der Seite und in der Bucheinheit.

Schriftlichkeit und Schriftkultur sind weiter zu unterscheiden (vgl. dazu Glück 1987, 12ff.). Die Alphabetisierung, also das technische Erlernen von Lesen und Schreiben, ist Vorbedingung für die Einübung in einen Kanon von kulturellen und sozialen Einstellungen und Verhaltensweisen, der es erlaubt, sich in einer bestimmten Gesellschaft literal zu verhalten. Schrift wird zwar materiell repräsentiert, aber sozial verwirklicht. Diese Differenz erlaubt in der historischen Rückprojektion eine Beschreibung unterschiedlicher Stufen des Literalitätsprozesses in präliterale, hypoliterale und literale Gesellschaften (vgl. Glück 1987, 182ff.). In präliteralen Gesellschaften sind fast alle Mitglieder Analphabeten; Schrift und Schreiben kommen sporadisch vor und sind sozial nicht durchgesetzt. Auch in hypoliteralen (griech. *hypo*: unter; also: unterhalb der expliziten Schriftverwendung literalen) Gesellschaften ist die Analphabetenquote hoch, Schriftlichkeit ist aber als soziales und mentales Faktum präsent, so daß ‚technisch' Schreib- und Leseunkundige die Funktionen schriftlicher Kommunikation kennen, sich also in bestimmter Weise sozial literal verhalten können. Literale Gesellschaften schließlich lassen sich durch Massenalphabetisierung und das voll entfaltete Wissen um die sozialen Funktionen von Schrift verstehen.

In der Regel lebt das schriftlich gespeicherte Wissen heute in individuellen, meist leisen Leseakten auf. In hypoliteralen wie literalen Gesellschaften sind Schriftzeugnisse jedoch auch in komplexe mündliche Kommunikationssituationen eingebunden, und die Rezipienten können über hohe Kompetenzen des hörenden Textverstehens verfügen. Sowohl in scheinbar einfachen Vorlesesituationen als auch in komplexen soziokulturell variierenden Leseakten weisen Reoralisierungen stets einen situationsgebundenen ‚Mehrwert' gegenüber der Schriftquelle auf: etwa in der rituellen Lesung in religiösen Handlungen, im artifiziell-rhetorischen Vortrag eines literarischen Textes vor einem antiken und mittelalterlichen Publikum oder im frühneuzeitlichen gemeinschaftlichen Lesen, das identitäts- und gruppenbildende Funktion hat. Aber auch das individuelle Lesen ist lange ein ‚Sich-Vorlesen' unter mehr oder weniger forciertem Stimmeinsatz gewesen; in Antike und Mittelalter ist das laute Lesen üblich. U.R.

3.3. Schrift und Buch

Buchkommunikation ist Teil der Schriftkommunikation. Historisch wie systematisch ist das Buch als Trägermedium von Schrift im Zusammenhang mit Funktionen schriftlicher Sprache zu sehen. Aus der Verdauerung des flüchtigen gesprochenen Wortes ergeben sich zwei Konsequenzen, die Buchkommunikation formal bestimmen. *Erstens* die Entlastung des individuellen (persönlichen) Gedächtnisses ebenso wie des auf mündlichen Überlieferungstraditionen beruhenden kollektiven Gedächtnisses und *zweitens* die Öffentlichkeit des Aufgeschriebenen, die sich aus der Verselbständigung des materiellen Schriftträgers ergibt. U.R.

3.3.1. Speichern und Wiederfinden

Die Buchrolle wie das Buch in der Kodexform können größere zusammenhängende Textmengen aufnehmen. Gegenüber Stein, Ton, Holz oder Wachs bieten Papyrus, Pergament und Papier als Trägermaterialien viele Vorteile. Sie lassen sich zu handlichen und leichten Buchformen verarbeiten, die ein großes Speichervolumen erreichen können und, abhängig von der jeweiligen Materialqualität, eine hohe Dauerhaftigkeit besitzen. Innerhalb der einzelnen historischen Buchformen sind die jeweils spezifischen Leistungen weiter zu differenzieren. Beim Kodex (lat. *codex, caudex*: zusammengebundene Holztäfelchen; wörtlich: Holzblock; seit dem 1. Jahrhundert n. Chr. im weströmischen Reich) handelt es sich um einzelne Lagen aus zusammengehefteten Bogen (Buchblock), die in einen festen Einband gebunden werden. Gegenüber der Papyrusrolle liegen die Vorteile auf der Hand. Durch die zweiseitige Beschreibbarkeit und die hohe mögliche Blattzahl hat der Kodex ein größeres Speichervolumen, zudem ist das Nachschlagen bestimmter Textstellen durch Blättern leichter als in der Rolle. Texte, die auf mehreren Rollen überliefert wurden, können in einer Bucheinheit Platz finden, andererseits werden unterschiedliche Texte zusammengefügt, so daß sich z. B. in der Miscellanhandschrift (oder der Anthologie) eine kleine Bibliothek zusammenstellen läßt. Darüber hinaus ist der Kodex durch den festen Einband mit lederüberzogenen Holzdeckeln bzw. im flexiblen Koperteinband transportabler als die Rolle. Diese spezifischen Eigenschaften der Kodexform gelten nicht nur für den Pergamentband, sondern auch für die Papierhandschrift und das gedruckte Buch.

Mit dem Übergang vom Sprechen zum Schreiben wird Sprache visuell. Wenn sich Repräsentationen sprachlicher Zeichen mit dem zweidimensionalen Träger der Buchseite verbinden, ist dies nicht ohne eine Organisation der Schreibfläche (Lesefläche) denkbar (vgl. dazu allgemein Gross 1994). Diese kann zufällig sein oder Ausdruck eines intentionalen Gestaltungswillens, wobei in professionellen Herstellungszusammenhängen von einem bewußten gestalterischen Akt ausgegangen werden kann. Die Verteilung der Schrift im Buch erfolgt in aller Regel gleichmäßig, d.h. der einmal festgesetzte Satz- oder Schriftspiegel wird eingehalten, sowie Gliederungs- und Erschließungshilfen innerhalb eines Buches werden gleichmäßig eingesetzt. Daneben steht dem Schriftgestalter ein visuelles Repertoire von Auszeichnungs- und Gliederungsmitteln zur Verfügung, das, zumindest im abendländischen Kulturraum, dem habituellen Leser allgemein geläufig ist. So signalisiert z.B. fett ausgezeichnetes besonders wichtiges, der geringere Abstand zwischen Absätzen gliedert den argumentativen Zusammenhang, unterbricht ihn aber nicht in der Weise, wie der größere Abstand oder gar der Seitenumbruch Kapitel separiert. Ebenso gibt es eine klare relationale Hierarchie der Größen bei Schriftgraden oder Initialen.

Bereits im mittelalterlichen Manuskript entwickeln sich in zeitlicher Stufung Konventionen des Buchaufbaus, der Seitengestaltung und der Textorganisation, die auch das gedruckte Buch weitgehend übernimmt. Ikonische (z.B. Leerräume und Absätze) und indexikalische Zeichen (z.B. Titel und Zwischenüberschriften) werden als Gliederungshilfen und zur Verbesserung des Textverstehens eingesetzt; Inhaltsverzeichnisse, alphabetische Indices und Schlagwortregister erleichtern das Auffinden einer bestimmten Textstelle im Buch. Die effektive Anwendung dieser Hilfsmittel setzt die Foliierung bzw. Paginierung voraus, die zwar auch die Handschrift kennt, die aber im gedruckten Buch mit letzter Konsequenz eingesetzt wird. Neu im gedruckten Buch sind Einzüge z.B. bei Absätzen, die nicht mehr (wie in der Handschrift) durch Lombarden oder Initialen angezeigt werden. Wenn Sprache im Medium der Schrift eine spezifische Formalität gewinnt, so gilt dies ebenso für skriptographische wie typographische Aufzeichnungsformen.

Paratextuelles Beiwerk und typographisches Regelwerk dienen aber nicht nur als Gliederungshilfen oder zur Text- und Bucherschließung, sondern können in hohem Maße rezeptionslenkend sein. Eine Buchtypographie („Lesetypographie"), die unterschiedliche Funktionen des Lesens systematisch zum Ausgangspunkt nimmt, haben Willberg/Forssmann (1997) in acht typographischen Gruppen für unterschiedliche Lesebedürfnisse beschrieben: lineares Lesen, informierendes Lesen, differenzierende Typographie, konsultierendes und selektierendes Lesen, Typographie nach Sinnschritten, aktivierende und inszenierende Typographie. Erzählende Prosa oder Abhandlungen werden *linear*, d.h. fortlaufend, meist über eine längere Zeitspanne hinweg gelesen. Die entsprechende Buchtypographie erfordert eine unaufdringliche Schrift, Leseschriftgrade (ca. 8–11 Punkt), 60–70 Zeichen pro Zeile, 30–40 Zeilen pro Seite. Diese ‚klassische' Typographie bietet den Komfort, der einem freiwilligen, ausdauernden Leser geboten werden soll. Im allgemeinen sind hochmotivierte Leser auch Benutzer von Sachbüchern, Zeitungen und Zeitschriften. Im Gegensatz zum Romanleser liest aber derjenige, der sich *informieren* will, eher diagonal. Dem trägt die Typographie durch eine Gliederung des Textes in überschaubare, kleinere Einheiten und Auszeichnungen im Text Rechnung. Noch stärker strukturiert die *differenzierende Typographie*, die für wissenschaftliche Bücher oder Lehrbücher, aber auch für den Dramensatz eingesetzt wird. Alle Auszeichnungsarten können vorkommen; die Seiten sind meist gut gefüllt. Eine Typographie für *konsultierendes Lesen* ist auf Leser zugeschnitten, die eine bestimmte Auskunft suchen. Als Buchtypen sind hier Nachschlagewerke zu nennen, Lexika und Wörterbücher, aber auch Teile des paratextuellen Beiwerks wie Fußnoten, Literaturlisten etc. Typographische Mittel sind kleinere Schriftgrade bei gut lesbaren Schriften, knapper Zeilenabstand, mehrspaltiger Satz, deutliche Auszeichnung von Stichworten. *Selektierendes Lesen* wird bei didaktischen Büchern (Schulbücher, Lehrbücher, Kochbücher etc.) angewandt. Verschiedene Textebenen müssen typographisch eindeutig gegliedert werden, das Layout muß Seite für Seite erarbeitet werden. Zudem ist gerade bei Schulbüchern mit unwilligen Lesern zu rechnen, die mit einem hohen Lesekomfort zu motivieren sind. *Typographie nach Sinnschritten* schließlich berücksichtigt formale Eigenheiten poetischer Texte sowie semantische oder syntaktische Strukturen. Zu den Buchtypen gehören u.a. Fibeln, Bilderbücher und Lehrbücher, zur Zielgruppe gehören u.a. Leseanfänger. Die *aktivierende Typographie* soll neugierig machen, die inszenierende zeigt einen stark (subjektiv) interpretierenden Umgang mit dem Text. Die Lesetypographie konstituiert keine Buchtypen oder Buchgattungen; sie orientiert sich vielmehr an konkreten gestalterischen Aufgaben, wobei allerdings bestimmte Textsorten auch Buchtypen vorgeben können. Linear gelesen werden z.B. nicht nur belletristische Texte, sondern auch Sachtexte im populären Sachbuch; das konsultierende Lesen etwa gilt für Lexika und Wörterbücher ebenso wie für ausgewählte Abschnitte im Fachbuch oder der wissenschaftlichen Monographie. U.R.

3.3.2. Publizieren

Publizieren (lat. *publicare*: veröffentlichen) meint in allgemeinster Bedeutung Informationen zugänglich zu machen und zu verbreiten. Verdauerung und Verfügbarkeit sind der Schrift medial inhärent und machen über die Verselbständigung des physischen Trägers alles Geschriebene potentiell öffentlich – auch wenn zunächst keine Publikationsintention vorliegt wie etwa beim privaten Brief, der dennoch aus ganz unterschiedlichen Interessen entgegen der ursprünglichen Absicht des Schreibers veröffentlicht werden kann. Dieses Beispiel zeigt, daß zwischen unterschiedlichen Stufen der Öffentlichkeit von Schrift differenziert werden muß. Für ephemere (banale) Formen, z.B. der Merkzettel oder die kurze Mitteilung, besteht keine Publikationsintention. Anders ist die Situation bei Autographen oder Typoskripten, die nur in einem oder einer geringen Anzahl von Exemplaren vorliegen und bei denen die Dokumentationsfunktion gegenüber der Verbreitungsintention überwiegt. Die private Familienchronik zum Beispiel, Verwaltungsschrifttum oder die Bürokorrespondenz sind zwar teilöffentlich, und ihre Inhalte können durchaus von öffentlichem Interesse sein, sie müssen aber nicht unbedingt in vielen physischen Trägern verbreitet werden; es reichen eines oder wenige Referenzexemplare. Buchkommunikation ist dagegen prinzipiell von einer uneingeschränkten Veröffentlichungsintention bestimmt. Dabei ist es zunächst unerheblich, ob die Vervielfältigung durch immer wieder erneutes Abschreiben wie im Manuskriptzeitalter oder über den Druck erfolgt; eine Beschränkung von Öffentlichkeit in der Buchkommunikation ist nicht dem Medium funktional inhärent, sondern erfolgt über sekundäre (ökonomische, technische oder soziokulturelle) Selektionsmechanismen.

Publizieren setzt ein Vertrauen in die Autorität des Geschriebenen voraus, das nicht selbstverständlich ist. Glaubwürdigkeit wird auf der präliteralen Stufe eher der Form der Wissensübertragung zugestanden, die an die Autorität eines personalen Trägers gebunden ist; das heißt aber auch, daß Wissen situationsangepaßt unterschiedlich dargestellt und weitergegeben und dies geradezu als Vorteil gegenüber der fixen Überlieferung durch die Schrift ausgelegt werden kann. Bis sich der literale Umgang mit ‚schwarz-auf-weiß'-Fixiertem durchgesetzt hat, ist ein langer Weg nötig, der sich gruppenspezifisch zeitversetzt vollzieht; im europäischen Raum ist er lange vor der Massenalphabetisierung (um 1900) vollzogen. Voraussetzung für diese Übertragung von ‚Wahrheit' auf den Schriftträger ist, daß die Unveränderbarkeit der jeweils einzelnen Instantiierungen in das physische Substrat nicht nur akzeptiert, sondern auch als notwendige Voraussetzung für das Sprechen und Schreiben über einen bestimmten Sachverhalt benötigt wird. Die universelle Kohärenz des Aufgezeichneten ist Voraussetzung für das abendländische Verständnis von Wissenschaft. Dabei bezieht sich dieses Grundanliegen nicht nur auf einen einzelnen Überlieferungsträger; Abschreiben und Drucken sichern Texttraditionen; das Risiko eines Überlieferungsverlustes verkleinert sich mit der Anzahl der physisch kursierenden Bücher. Der Buchdruck bedeutet nicht nur einen quantitativen Sprung, sondern auch eine veränderte Bewertung des Referenzexemplares. Der Auflagendruck, der viele nahezu identische Exemplare in einem Druckvorgang erzeugt, macht die gleichzeitige Berufung auf eine bestimmte Textstelle allen Mitgliedern der ‚scientific community' möglich.

Das zum öffentlichen Gebrauch publizierte oder für die Publikation bestimmte Wissen fordert den Versuch der Kommunikationskontrolle heraus. Die Kontrolle der den geltenden Normen widersprechenden Äußerungen kann sich auf den Urheber (Schreibverbot), den materiellen Träger (Buchvernichtung), sowie auf die buch- und textverbreitenden Institutionen und ihre Träger (Einschränkung des Druckers, Verlegers und Händlers) richten; nur selten wird der Rezipient inkriminiert. Die Verfahrensweisen lassen sich je nach dem Zeitpunkt des Eingriffs als eine der Publikation vorausgehende Prüfung (Vorzensur) oder als Verbreitungsverbot (Nachzensur) systematisieren (vgl. Fischer 1999, 500f.). U.R.

3.4. Funktionen des Buches in der Gesellschaft

Das Buch ist im Vergleich mit den anderen Print- und den audiovisuellen Medien kein ‚Nebenbei-Medium'. Dies resultiert nicht nur aus der physiologischen und kognitiven Anstrengung beim Lesen, die immer wieder neu erbracht werden muß, oder der Vereinsamung des Lesenden. Das Buch hat eine eigene medienspezifische ‚Grammatik' (zur „media grammar literarcy" vgl. Meyrowitz 1998, 97ff.) entwickelt, die den Teilnehmern der Buchkommunikation geläufig sein muß. Sie arbeitet zwar mit dem Material der Sprache und der Schrift, bildet aber ein von diesen unabhängiges semiotisches System. Diese Grammatik der Buchseite betrifft Texte wie eingebundene Bilder gleichermaßen, insofern sie wesentlich mit visuellen Gestaltungsmitteln arbeitet, und sie manifestiert sich in der geschriebenen Seite ebenso wie in der gedruckten. Es steht zu vermuten, daß der kulturelle Wert, der dem Bücherlesen zugeschrieben wird, nicht zuletzt durch die mediale Spezifik des Buches bestimmt ist, die dem Leser hohe Erschließungskompetenzen abverlangt: zunächst die technische Schriftbeherrschung und Anstrengung des Lesens, die Fähigkeit, sich sozial literal zu verhalten und darüber hinaus die Beherrschung einer unter Umständen ausgefeilten buchmedialen ‚Grammatik'.

Das Buch speichert Repräsentationen von Zeichen, die dem Gebrauch des Kommunikationsadressaten überlassen werden. Es ist wichtig, bereits hier zu betonen, daß die Intentionen der beteiligten Buchproduzenten, sei es der Autor oder der Hersteller, diesen Gebrauch zwar zu lenken versuchen, aber nicht bis ins Letzte beeinflussen können. Denn die Aneignung erfolgt beim Lesen individuell, wobei sowohl die Art und Weise des Lesens wie auch die Verarbeitung des Gelesenen sozial überlagert werden. Sozial determiniert ist dieser Rezeptionsvorgang einmal durch den individuellen wie gesellschaftlichen Umgang mit Schrift überhaupt, also den Stellenwert von Schriftlichkeit im Leben des Individuums, sowie durch den gesellschaftlichen Status und den Grad der Präsenz von Schriftlichkeit im kollektiven Bewußtsein einer Gesellschaft. Andererseits ist das Bücherlesen etwas anderes als das Lesen etwa von Straßenschildern oder der Programmzeitschrift. Die generelle Beherrschung der Kulturtechnik des Lesens ist zu unterscheiden von ihrer Anwendung im Leseakt. Lesen kann nicht als Wert an sich gesetzt werden, sondern steht im Zusammenhang mit den sozialen Funktionen, die der einzelne erfüllen muß. So mag für den einen das Bücherlesen beruflich oder privat notwendig und wünschenswert sein, für den anderen dagegen nicht, und so wird dieser sich mit dem pragmatischen Einsatz der Lesefähigkeit begnügen (funktionaler Analphabetismus). Selbst in vollständig literalen Gesellschaften machen und machten die habituell (Bücher-)Lesenden nur einen kleinen Teil der Lesefähigen aus. Der Zwang zur Informationsteilhabe im wesentlichen über Schrift und Buch kennzeichnet europäische mittelalterliche Bildungseliten ebenso wie die frühneuzeitlichen, da ihnen außer der mündlichen

Überlieferung keine wirkliche Alternative zur Sprachkommunikation zur Verfügung stand. Die audiovisuellen Medien hingegen konservieren ja nicht nur gesprochene Sprache bzw. bilden sie die Realität ab, sondern entwickeln eigene leistungsfähige ‚Sprachen', die das Buch als Leitmedium in den Kreis der Basismedien zurücktreten läßt.

Die Grundfunktionen des Buches kann man über seine inhaltlichen Angebote grob in informierend und kommentierend, bildend und unterhaltend einteilen. Diesen Rastern lassen sich Buchtypen nur bedingt zuordnen. Sicher sprechen das wissenschaftliche Buch, das Lexikon und die Enzyklopädie überwiegend die kognitiven Fähigkeiten des Lesers an, das Sachbuch aber kann informierend, kommentierend im Sinne von wertend und meinungsbildend sein, ebenso wie unterhaltend. Der Reiseführer informiert und illustriert. Belletristik reicht im gebrauchsfunktionalen Spektrum vom ‚Abschalten' bis zum Wunsch nach literarisch-ästhetischem Genuß. Die Reihe der Beispiele ließe sich mühelos verlängern. Diese Mehrfachbindungen wohnen bereits den Textsorten und den einzelnen Werken inne, die vom Leser individuell und soziokulturell bedingt unterschiedlich aktualisiert werden. Dies gilt auch für die historische Komponente: Goethes „Werther" wurde von vielen Zeitgenossen empathisch gelesen, während der Roman heute gymnasiale Oberstufen und germanistische Seminare wohl kaum zum kollektiven Weinen veranlaßt.

Diese Funktionen beschreiben individuelle, wenn auch sozial wie historisch determinierte Lektürezwecke. Überindividuelle Funktionen kommen dem Buch zu, insofern es zum Objekt gesellschaftlicher Interessen wird, über die systemstabilisierendes oder destabilisierendes (je nach ideologischer Positionierung) Verhalten erreicht werden soll. Sie sind grob zu beschreiben mit Handlungsnormierung, Sozialisation (sozial und kulturell) und Identifikationsbildung. Es ist jedoch zweifelhaft, ob das Buch in seiner medialen Spezifik damit nicht überfordert ist. Zwar sprechen Maßnahmen der Kommunikationskontrolle – wie Listen verbotener Bücher, Bücherverbrennungen und Buchzensur – indirekt für mögliche vom Buch ausgehende ‚Gefahren'. Aber allein die Tatsache, daß Bücherlesen heute meist individuell und nicht kollektiv erfolgt, daß es viel Zeit und eingeübte Leser erfordert, daß Bücher Geld kosten und das Lesen allein ja noch nicht die vielleicht gewünschte Einstellungs- und Verhaltensänderung bewirkt, sollten zur Vorsicht mahnen. Hitlers propagandistische Durchschlagskraft verdankt sie nicht der Massenlektüre von „Mein Kampf", sondern dem damals modernen Medium der Sprachübertragung, dem Rundfunk. Anders stand es mit dem Besitz dieses Buches, das auch ungelesen, aber ausgestellt im Bücherregal, Zeichen der Gruppenzugehörigkeit sein konnte.

Dieses Beispiel leitet zu den sekundären Funktionen des Buches über. Glück (1987, 204) beschreibt sekundäre Funktionen von Schriftlichkeit als indirekten Gebrauch der Schriftzeichen, die auf ihre materielle Substanz reduziert und zu „Konstruktionsmaterial für den Aufbau neuer semiotischer Systeme" gemacht werden, so z. B. in Schriftmagie oder in spielerischen Formen wie Figurengedichten. Wie beim sekundären Schriftgebrauch die Repräsentationsfunktion der Zeichen im Sprachsystem ganz oder teilweise aufgehoben wird, so geht es auch im Fall sekundärer Buchfunktionen meist um ungelesene Bücher. Die Bedeutung des Buches als Schriftträger wird beim Übergang in nichtsprachliche semiotische Systeme von symbolischen oder rituellen Zuschreibungen abgelöst. Voraussetzung dafür ist, daß der Buchkörper als Schriftträger kulturell gewürdigt wird, da dieser einmal erreichte Status Voraussetzung für den Übergang in schriftferne Funktionen ist. Oder anders: wenn dem Buch ein besonderer Wert zweifelsfrei zugebilligt wird, kann sich der Besitzer von der gefüllten Bücherwand als Dokumentation umfassender Leseerfahrung eine persönliche Aufwertung versprechen. Dies führt zu Absonderlichkeiten: zur Geschäftsidee, nicht benötigte Schutzumschläge zu Buchattrappen zu verarbeiten, oder aber zum Brockhaus in Einbänden des Künstlers Friedensreich Hundertwasser für 14 400 DM (24 Bände in limitierter Sonderausgabe 1989–1994). Eher zu den gängigen Formen teilsymbolischen Buchgebrauchs gehört das Buch als Geschenk; hier findet ein sozialer Austausch statt, da die Wahl des Buches viel über die Beziehung des Schenkenden zum Beschenkten aussagt (vgl. auch Gross 1994, 185). Ebenfalls von überwiegend sekundären Gebrauchsfunktionen wird das bibliophil-antiquarische Sammeln von Büchern geleitet, das von der Seltenheit und Einzigartigkeit oder von bestimmten Ausstattungsmerkmalen ausgeht. Hier gewinnt das Buch musealen Wert.

Rituelle oder magische Funktionen bzw. die Fetischisierung von Geschriebenem (Grapholatrie) scheinen in Gesellschaften mit niedrigem Alphabetisierungsgrad begünstigt zu werden, in denen Schriftlichkeit in zentralen Funktionen zwar durchgesetzt, aber nur wenigen zugänglich ist (vgl. Glück 1987, 166f.). Dies gilt nicht nur für die Schriftmagie, sondern auch für das (Legenden-)Buch selbst, dessen Besitz vor dem Teufel, vor Hagel und Blitzschlag schützt, oder – am Körper getragen – ähnlich heilsame Kräfte wie eine Sekundärreliquie entfaltet (vgl. Rautenberg 1996, 82–85). U.R.

3.5. Funktionen des Buches: ein geschichtlicher Abriß

Es sei vorausgeschickt, daß der folgende Abriß keine Geschichte des Buches oder der Buchkultur sein kann, sondern Grundzüge funktionaler Veränderungen in der Geschichte der Buchkommunikation aufzeigen möchte. U.R.

3.5.1. Autorität und Symbol: das Buch im Mittelalter

Im europäischen Mittelalter gibt es nur eine dünne Schicht von lesefähigen Buchnutzern. Diese finden sich im *frühen und hohen Mittelalter* überwiegend im Mönchs- und Weltklerus und in geringerem Maße im Adel. Die Schriftkultur des frühen und hohen Mittelalters ist eng an die lateinische Sprache und die kirchlichen Institutionen (Kloster und Domschule) gebunden, deren Buchwesen in der Tradition der Spätantike steht. Als Offenbarungs- und Buchreligion beruft sich das Christentum auf kodifizierte heilige Texte, deren Reinhaltung gegenüber häretischen Bestrebungen nicht nur durch eine möglichst unverfälschte Texttradierung gesichert, sondern auch durch Bücherverbote (seit dem 4. Jahrhundert) geschützt werden soll. Die Festschreibung der kanonischen Texte (Bibel und Kommentare) im Buch und dessen Bindung an die Bildungseliten führt zu zahlreichen symbolisch-rituellen Zuschreibungen an das Buch. Die Heiligen- und Mariendarstellungen mit dem Buchattribut belegen dies anschaulich; erst im späteren Mittelalter verraten vor allem die Gelehrtenporträts, daß die religiöse Symbolik durch den Hinweis auf Gelehrsamkeit allgemein überlagert wird (vgl. Assel/Jäger 1999). Die Autorität der Texte zeigt sich im Ausstattungsniveau biblischer und liturgischer Prachthandschriften, das höchsten Ansprüchen an Einband, Buchmalerei und Schrift zu genügen hat.

Der klerikal geprägten Bildungswelt des Mittelalters steht eine selbstbewußte Laienkultur gegenüber, deren kulturelle Identität und Literatur sich nicht zum geringsten Teil aus germanisch-mündlichen Traditionen speist. Sie wird im frühen und hohen Mittelalter von der politisch herrschenden Klasse des Adels getragen, der nicht oder nur auf einer niedrigen Stufe lesefähig ist, sich aber durchaus literal verhält. Man bedient sich des Instruments der Schrift und des Buches über die Kanzlei und den Hofkleriker; literarische Kultur gehört zur höfischen Repräsentation. In vielfältige Aufführungssituationen gestellt und Teil der Fest- und Geselligkeitskultur vollzieht sich die primäre Rezeption von Lyrik und Epik hörend. Dennoch haben der Besitz des (auch lateinischen) Buches und seine materielle Ausstattung Signalwert für den kulturellen, ökonomischen und politischen Status des höfischen Zentrums. Dem Einfluß institutionalisierter lateinischer Schriftlichkeit entziehen sich auf Dauer auch die volkssprachlichen Texte nicht. Selbst wenn es keine autorisierte ‚Urfassung' gibt – diese Vorstellung verbietet schon eine bedeutende mündliche Überlieferungstradition – werden sie in (zeitlich) autornahen Fassungen aufgeschrieben, tradiert und verbreitet.

Mit der Fülle der Papierhandschriften und einer zunehmend auch alphabetisierten Oberschicht und oberen Mittelschicht im Stadtbürgertum ändert sich die Situation im *späten Mittelalter*. Viele Prozesse, die gemeinhin erst dem Buchdruck zugeschrieben werden, kündigen sich bereits im 14. Jahrhundert deutlich an. Das Buch entwickelt sich zu einem Medium, das alltagsweltlichen Bedürfnissen des Handels, der Verwaltung, der zeitgenössischen Chronistik und des fachspezifischen Berufswissens entgegenkommt. Auch der Laie beginnt zu lesen, und er liest nicht mehr ausschließlich zur Erbauung, sondern auch zur Unterhaltung und aus pragmatischen Gründen. Zu den lesenden Buchnutzern im ausgehenden Mittelalter zählen der Weltklerus und Mönche und Nonnen, die Berufsgruppe der Beamten (Räte, Sekretäre, Notare, Stadt- und Ratsschreiber), Universitätsangehörige wie Professoren und Magister, weiter die Lateinschüler

Funktionen des Buches: ein geschichtlicher Abriß 53

und ihre Lehrer sowie die volkssprachlichen Leser im Adel und in der bürgerlichen städtischen Oberschicht, wobei eine bedeutende Rolle den Frauen zukommt. Diese Ausdifferenzierung von Leserkreisen darf aber nicht darüber hinwegtäuschen, daß das Buch weitgehend autoritative Funktionen übernimmt. Ein relativ kleiner Kanon von lebenslang gelesenen Texten vermittelt überindividuelle Werte, die ein festes Weltbild und vertraute Orientierungsmuster immer wieder neu bestätigen. U.R.

3.5.2. Von der ‚Medienrevolution' zu den ‚Leserevolutionen' – Das Buch in Früher Neuzeit und Moderne

In der Frühen Neuzeit vollzieht sich der Übergang von der hypoliteralen zur literalen Gesellschaft, ein Prozeß der durch die sogenannte Massenalphabetisierung am Ende des 19. Jahrhunderts technisch weitgehend abgeschlossen wird; das Buch selbst ist um 1900 eine industriell gefertigte Ware. Einen Meilenstein auf diesem Weg setzt die Einführung des *Buchdrucks mit vielfach verwendbaren Lettern* um 1450. Ob es sich dabei tatsächlich um eine ‚Medienrevolution' handelt, sei dahingestellt. Etikettierungen dieser Art erweisen sich im historischen Kontext meist als fragwürdig: Müßte man nicht mit größerem Recht die Übernahme der Alphabetschrift von den Phönikern durch die Griechen oder den Übergang von der Rolle zum Kodex mit diesem Schlagwort belegen? Zudem zeigt die nüchterne Betrachtung gerade für den Buchdruck, daß Kontinuitäts- und Innovationsphänomene sich in charakteristischer Weise mischen.

Das gedruckte Buch bleibt auch weiterhin das Buch in der Kodexform. Es bestand keine Notwendigkeit, die Form des Textspeichers mit der Umstellung auf die neue Technologie zu ändern; im Gegenteil: Der Vorgang des Druckens in Formen differenziert das Prinzip der Lagenbildung nach den technischen Vorgaben weiter aus. Auch das Trägermaterial Papier, ohne das der Buchdruck wenig effizient bliebe, hatte sich spätestens seit der Mitte des 14. Jahrhunderts in der Buchproduktion neben dem Pergament durchgesetzt. Ebenso werden die wesentlichsten Textorganisationsprinzipien und Bucherschließungsmethoden des handschriftlichen Buches übernommen, allerdings weiter modifiziert. Betrachtet man das materielle Objekt unter diesen Aspekten – und nicht unter soziokulturellen oder ökonomischen –, kann man kaum von einem *Bruch* zwischen einer auf die Handschrift oder den Druck bezogenen Literalität sprechen. Wohl aber gibt es Veränderungen, die das Lesen erleichtern: Abkürzungen und Ligaturen werden in lateinischen Drucken seltener, in deutschen kaum noch verwendet. Statt der 290 Typen, aus denen die Gutenberg-Werkstatt die zweiundvierzigzeilige Bibel setzte, kommt man um 1500 mit etwa einhundert Lettern aus. Die Reduktion der Zeichen führt zu einer orthographischen Normierung typographischen ‚Schreibens' gegenüber der Skriptographie aus primär technisch-ökonomischen Gründen. Als weitere Folge der Normierung des Alphabets über den

Setzkasten wird kursorisches oder schnelles Lesen möglich. Nicht nur sind die Buchstabenzeichen einheitlicher, sondern auch die Wortgestalt ist leichter zu identifizieren, die beim Lesen als Ganzes erfaßt wird. Andererseits ergeben sich durch den Auflagendruck Veränderungen für die Texttradition, da an die Stelle handschriftlicher Unikate, die trotz aller Bemühungen um textliche Korrektheit voneinander abweichen, viele – bis auf vereinzelte Pressvarianten – text- und satzidentische Exemplare treten, die in ihrer Gesamtheit die Auflage ausmachen. Und nicht zuletzt, dem handschriftlich Vervielfältigten wird schon bald nach der Umstellung auf die Typographie der Anspruch auf Öffentlichkeit abgesprochen: der Begriff des Publizierens impliziert nun Druckschriftlichkeit. Dies hat gravierende Folgen für die Kommunikationskontrolle, die mit größerer Effizienz durchgesetzt werden kann, weil sie den neuen Vermittlungsinstanzen Rechnung trägt. Zensurmaßnahmen in der Frühen Neuzeit beruhen wesentlich auf der Vor- oder Präventivzensur (Einholen der Druckerlaubnis). In der zweiten Hälfte des 16. Jahrhunderts etabliert sich ein System staatlicher Aufsicht über das gesamte Buchwesen in Deutschland, das bis zum Ende des Reiches im Jahre 1806 bestehen bleibt.

Als Innovationsleistung des gedruckten Buches auf der Ebene des paratextuellen Beiwerks muß die Entstehung des Titelblatts gewertet werden. Das Titelblatt, das autor-, text- und buchidentifizierende Elemente an den Bucheingang setzt, reflektiert die neue mechanische Produktionsweise. Nicht nur wird die eindeutige Kennzeichnung aller zu einer Auflage gehörenden Exemplare durch die Angabe von Drucker, Druckort und Erscheinungsjahr möglich; das Titelblatt reflektiert darüber hinaus den neuen Warencharakter des Buches, indem Hinweise zu den Buchproduzenten nahezu gleichberechtigt neben Autor und Werk treten. Die Differenz zwischen Text und Buch wird hier weiter festgeschrieben.

Im soziokulturellen Bereich knüpft der Buchdruck an die funktionale Vielfalt spätmittelalterlicher Buchkommunikation und die gesteigerte Nachfrage nach Schriftlichkeit an, so daß er als quantitative Antwort auf bereits bestehende kulturelle und soziale Bedürfnisse gesehen werden kann; mittelfristig führt er zu sinkenden Buchpreisen und verhilft dem Buch und der Broschüre zu größerer Präsenz in der alltäglichen Lebenswelt. Aber bereits im ausgehenden 15. und im 16. Jahrhundert werden neue Funktionen auf das Buch übertragen. Da ist zunächst seine Aufgabe als Wissensspeicher für die sich zunehmend als empirische Wissenschaften verstehenden Naturwissenschaften und die Ingenieurskünste. Die Darstellung und das Erlernen des neuen Wissens ist nun auch an das Bild im Buch gebunden, wobei die Weiterentwicklung des Holzschnitts von der Umrißlinie zur perspektivischen Darstellung und besonders der Kupferstich die Ansprüche an eine detailgetreue Wiedergabe des Beobachteten oder Konstruierten befriedigen. So kann der Text in den großen Tafelwerken auf eine erläuternde Funktion reduziert werden.

In Reformation und Gegenreformation werden Buch und Broschüre in größerem Rahmen für agitatorische und propagandistische Zwecke eingesetzt. Buchkommunikation ist nun – für kurze Zeit – Teil der Meinungsbildung in einer breiten Öffentlichkeit, die über das traditionelle Kommunikationsgeflecht von Eliten und engere gruppenspezifische Interessen hinaus reicht. Von einer ‚bürgerlichen Öffentlichkeit‘ (Habermas) wie im ausgehenden 18. Jahrhundert läßt sich jedoch noch nicht sprechen; auch sind Buch, Broschüre und Flugblatt noch in mündliche Kommunikationssituationen eingebunden.

Erst die ‚(Erste) Leserevolution‘ im ausgehenden 18. Jahrhundert hat den Auswirkungen des Buchdrucks vergleichbare Umstrukturierungen der Buchkommunikation zur Folge. Diese sind jedoch nicht technisch oder ökonomisch bedingt, sondern beruhen auf sozialen und kulturellen Veränderungen. Der Übergang von der intensiven Wiederholungslektüre des Mittelalters und der frühen Neuzeit zum extensiven Lesen war zwar bereits durch die periodischen Publikationen vorbereitet worden, es bedurfte jedoch einer Umwertung der alten gesellschaftlichen Normen durch bürgerliche Wertvorstellungen im Gefolge der Aufklärung, um all jene Lektürefunktionen vorzubereiten, die das moderne, inhomogene und zersplitterte Lesepublikum kennzeichnen. Mit der Entstehung eines selbstbewußten, antifeudalen Bürgertums, das die staatlichen und kirchlichen Autoritäten zur Diskussion stellt, wird „das gedruckte Wort zum bürgerlichen Kulturträger schlechthin", Lektüre zum Ausdruck bürgerlicher Emanzipationsbestrebungen. Damit verliert das Buch den Anspruch, „unentbehrlicher Faktor sozialer Disziplinierung im Auftrag der weltlichen und kirchlichen Obrigkeiten" (Wittmann 1999, 425) zu sein, denn gelesen wird, was die „konkreten emotionalen und intellektuellen, sozialen und privaten Bedürfnisse" (ebd. 454) befriedigt. Zum Bildungsstreben über Buch und Lektüre gesellt sich das empathische oder empfindsame Lesen; die fiktionalen Lesestoffe, insbesondere der Roman, erlauben ein Eintauchen in imaginäre Gefühls- und Phantasiewelten. Von Kritikern als ‚Lesesucht‘ oder ‚Lesewut‘ angegriffen, bewirkt das Vielesen immer neuer, wiewohl gleichartiger Stoffe, eine Umstrukturierung des literarischen Marktes und der Buchproduktion. Die ‚qualitative Leserevolution‘ am Ende des 18. Jahrhunderts, die noch auf bürgerliche Schichten beschränkt war, leitet zusammen mit der Massenalphabetisierung des 19. Jahrhunderts zur ‚Zweiten (quantitativen) Leserevolution‘ über, die auch das Kleinbürgertum und die Arbeiterklasse in das Lesepublikum einbezieht. Voraussetzung dafür, daß die Alphabetisierten tatsächlich zu Buchlesern werden können, sind aber die technischen Innovationen in der Buchproduktion. Die neuen Rohstoffe in der Papierproduktion, Papier-, Setz- und Druckmaschinen und industrielle Bindetechniken machen preiswerte Bücher möglich. Sozialreformerische Hoffnungen auf eine Politisierung der unteren Stände über Buch und Lektüre erfüllten sich allerdings nicht, da sich die Freizeitlektüre von Büchern wie – spätestens nach der gescheiterten Revolution 1848 auch im Bürgertum – überwiegend auf Zerstreuung und Unterhaltung reduziert.

Eine ‚*Dritte Leserevolution*' zeichnet sich aus heutiger Perspektive in den fünfziger Jahren des 20. Jahrhunderts mit dem Taschenbuch ab. Vorreiter für das Buch als Massenmedium sind „Rowohlts Rotations Romane", wie Zeitungen im Rollenrotationsdruck in hohen Auflagen und zu einem niedrigen Preis produziert. Über verschiedene Distributionswege erreichen die Taschenbuchreihen, die ungeachtet ihres massenmedialen Charakters auch für kulturell anspruchsvolle Inhalte akzeptiert sind, ein großes Leserpublikum in allen sozialen Schichten (vgl. Estermann 1999, 54ff.). U.R.

3.5.3. Das Buch in der Medienkonkurrenz

Die These von der Medienkonkurrenz findet sich häufig in thematischem Kontext zu gesellschaftlichen Funktionen des Buchs und steht hierbei meist in kulturpolitischem Zusammenhang. Der mehrschichtige Medienbegriff macht es erforderlich, auch den Begriff der Medienkonkurrenz differenziert zu betrachten (vgl. auch Saxer 1975). Geht man von der Definition des Mediums als Organisation aus, ist die Konkurrenz wirtschaftlicher Art. Es geht um Umsätze und Einschaltquoten als äußere Korrelate der Mediennutzung, von deren Höhe die Existenz von Verlagen, Sendeanstalten, Bibliotheken etc. abhängt. Entweder weil sie sich aus dem freien Markt heraus selbst finanzieren müssen, oder weil die Höhe der finanziellen Zuwendung durch öffentlich rechtliche oder private Träger häufig nicht weniger vom Umfang der Mediennutzung abhängig gemacht wird. Bezeichnet man mit Medium hingegen einen Kommunikationskanal oder ein materielles Objekt, wird die These von der Medienkonkurrenz zweifelhaft. Sicherlich sind im abstrakten Sinn alle Medien zueinander funktional äquivalent: d. h. alle Medien fungieren als Signalträger zur Informationsvermittlung und man könnte somit durchaus eine Konkurrenz annehmen (z. B. Schmidtchen 1968, 3239). Auf der anderen Seite ist die Leistungsspezifik der medialen Formen Text, Bild, Ton und Film nicht austauschbar, sprechen sie doch die Sinne ganz unterschiedlich an und führen zu unterschiedlichen Wahrnehmungen, so daß keine Voraussetzungen für einen ‚Wettbewerb' gegeben sind. Die Vielfalt der Medien ergänzt sich vielmehr und trägt zur Optimierung der Kommunikation bei.

Eine Konkurrenz besteht hingegen auf der Ebene der Inhalte, und da Medien in ihrer materiellen äußeren Form Erwartungen an eine bestimmte Art von Inhalten assoziieren, bietet die Typologie der Medien eine einfache Größe, um sich einen Überblick über die komplexe Vielfalt an Meinungen und Werten in der Gesellschaft und ihren Stellenwert zu verschaffen. In diesem Sinn wird der Begriff Medienkonkurrenz eher metaphorisch verwendet für das Ringen um öffentliche Aufmerksamkeit. So gesehen ist das Buch sich selbst der erste ‚Medienkonkurrent'. Die Autorenschaft auf dem rapide wachsenden Buchmarkt des ausgehenden 18. Jahrhunderts muß um ihre Leser ‚buhlen'. Die Autorität des

Funktionen des Buches: ein geschichtlicher Abriß 57

Autors verliert an Bedeutung und seine qualitative Leistung wird gegen den wirtschaftlichen Erfolg aufgerechnet. Dabei tritt die Diskrepanz zwischen der formal-ästhetischen oder inhaltlichen Wertschätzung einer Publikation und dem Grad ihrer Verbreitung immer deutlicher zu Tage und führt zu einer Teilung des Buchmarktes. Aus der großen Nachfrage nach anspruchsloser Unterhaltungsliteratur entwickelt sich im Laufe des 19. Jahrhunderts eine frühe Form der Unterhaltungsindustrie mit eigenen Vertriebs- und Organisationsstrukturen, gegen deren wirtschaftliche Konkurrenz der traditionelle Primärbuchhandel eine Allianz mit den Bildungsinstanzen der Gesellschaft schließt. Das Klischee vom ‚guten Buch' entsteht, wobei das Attribut ‚gut' sehr relativ gefaßt ist und damit eine Kompatibilität zu den unterschiedlichen ideellen Wertesystemen ermöglicht. *Was* gut ist, wird durch das jeweilige System bestimmt, aber es besteht eine gewisse Übereinstimmung mit anderen Systemen darin, wovon es abzugrenzen ist: der reinen Unterhaltung. Aus dem Unterhaltungsleser kann die Gesellschaft keinen direkten Nutzen ziehen (sein Tun wird als Weltflucht bezeichnet), während dem Leser eines ‚guten Buchs' zumindest der Nutzen zugeschrieben werden kann, den Leser zu bilden und damit von ihm zuverlässige, habituelle Verhaltensweisen erwarten zu können.

Bildung wird seit der Aufklärung bis in die erste Hälfte des 20. Jahrhunderts nicht so sehr mit Wissenserwerb, Weiter- oder Ausbildung gleichgesetzt, wie wir heute den Bildungsbegriff verstehen, sondern mit der Formung des Menschen auf bestimmte Ideale hin und der Internalisierung jener Verhaltensmuster, mit denen die Zugehörigkeit einer Person als Mitglied eines bestimmten Gesellschaftssystems abgesichert werden kann. Dies können ebenso neohumanistische Werte im Sinne der Aufklärung sein wie patriotische oder religiöse Werte. In Abgrenzung zu diesen Zielen wird jede Literatur zur Medienkonkurrenz, die diesen Ansprüchen nicht genügt, und die von Pädagogen nach den Kategorien ‚Kitsch', ‚Schmutz und Schund' klassifiziert wird. Während ‚Kitsch' triviale Inhalte mit fehlendem künstlerischem Anspruch bezeichnet, verweisen ‚Schmutz und Schund' ursprünglich auf Inhalte mit sittengefährdendem Inhalt (Pornographie, Gewaltverherrlichung), doch wird das Klischee in der Polemik kulturpolitischer Diskussionen recht pauschal für alle anstößigen („minderwertigen') Inhalte verwendet. Dem ausufernden Erfolg der privaten Leihbüchereien, in denen solche Unterhaltungsliteratur kommerziell entliehen werden konnte, setzten die Pädagogen und Bibliothekare ein Netz von Volksbüchereien entgegen, durch die das ‚einfache Volk' unter Anleitung der Volksbibliothekare anhand eines sorgsam abgestimmten literarischen Programms erzogen werden sollte (vgl. bes. Jäger 1988). Der Kampf gegen ‚Kitsch, Schmutz und Schund' wird nach dem Zweiten Weltkrieg noch bis Anfang der sechziger Jahre weitergeführt und findet mit der aufkommenden Popularität von Comics in den fünfziger Jahren einen letzten aktionistischen Höhepunkt. Die Idee der Volkserziehung wird zugunsten eines neuen Bildungsbegriffs aufgegeben, der den Ansprüchen einer demokratischen Gesellschaft eher entspricht und jeglichen Anschein einer autoritären Bevormundung abzustreifen versucht. Es sind daher nur Kinder und Jugendliche, die Adressaten der alten, neohumanistischen Bildungsideale bleiben. Sie gilt es weiterhin vor der unerwünschten Literatur zu schützen und statt dessen durch das ‚gute Jugendbuch' zur sittlichen Reife zu führen. Erst nach 1968, mit der Etablierung neuer liberaler Erziehungsformen, findet zumindest das alte Vokabular kaum noch Verwendung.

Mit der Entwicklung und Verbreitung der neuen visuellen und akustischen Verbreitungsmedien im 20. Jahrhundert (Film, Radio, Fernsehen) erweitert sich die Konkurrenz der Inhalte um die Konkurrenz der Rezeptionsweisen. Bild und Ton gelten als aktive Medien, die ein passives Wahrnehmen ermöglichen würden und so für den Nutzer weitaus bequemer zu rezipieren seien als Textmedien, die ihm selbst bei trivialen Inhalten eine gewisse geistige Anstrengung abverlangten. Es sind vor allem kulturpessimistische Stimmen, die ihre allgemeine Gesellschaftskritik an der wachsenden Technisierung der Welt und dem Konsumdenken der Menschen auf die Ebene der Medienkonkurrenz transponieren. Das Bücherlesen symbolisiert in diesem Zusammenhang bedrohte Tugenden wie Fleiß, Selbstbestimmtheit, Durchhaltevermögen, Kreativität und Selbstbeherrschung, während die audiovisuelle Mediennutzung als Symbol für Bequemlichkeit, Manipulierbarkeit, Oberflächlichkeit steht. Folglich wird die große Faszination, mit der jedes neue technische Verbreitungsmedium von der Bevölkerung aufgenommen wird, regelmäßig als Vorbote des kulturellen Niedergangs gewertet. Diese Projektion idealisierter menschlicher Verhaltensweisen auf das Bücherlesen dient Pädagogen, Bibliothekaren, Kulturjournalisten, Autoren und Buchhändlern im bundesrepublikanischen Nachkriegsdeutschland auch als Vorlage für den Umkehrschluß, daß die junge Demokratie nur durch eine wachsende Anzahl an Lesern stabilisiert werden könne. Lesen sei daher keine Privatsache, sondern vielmehr eine Bürgerpflicht (vgl. den gleichnamigen Buchtitel von Roegele 1977). Besonders die Etablierung des Fernsehens löst die Sorge aus, das Bücherlesen könne in der Bevölkerung zukünftig eher noch abnehmen, anstatt zu wachsen. Nicht mehr die Qualität des Inhalts, sondern die Quantität der Mediennutzung gerät im Laufe der sechziger Jahre in den Mittelpunkt des Interesses. Seither wird in regelmäßigen Abständen die durchschnittliche Nutzung von Fernsehen, Hörfunk, Buch und Zeitung empirisch erhoben und die Ergebnisse wie ein Wettbewerb der Medien um Freizeitanteile der Bevölkerung interpretiert. Dabei wird grob simplifizierend davon ausgegangen, die Bevölkerung sei bei der Wahl des Mediums in einen konstanten sozialen Kontext gestellt, wähle das Medium unabhängig von Inhalten und die Mediennutzung sei analog zur wachsenden Freizeit für jede Rezeptionsart in gleichem Maße steigerbar.

D.W.

3.5.4. Buchmarktforschung

Dieses kulturpessimistische Bild einer Medienkonkurrenz, in der das Buch zu unterliegen droht, wird in den sechziger Jahren von der Buchmarktforschung instrumentalisiert und mit dem ökonomischen Wettbewerb des Buchhandels um die Anteile am sogenannten Freizeitmarkt verwoben. Die Buchmarktforschung wird 1960 auf Initiative von Bertelsmann zunächst als Institut gegründet, mit dem ursprünglichen Ziel, anhand von demoskopischen Erhebungen zu zeigen, daß die Vertriebsform der Buchgemeinschaft keine innere Konkurrenz für den traditionellen Sortimentsbuchhandel bedeute, da verschiedene Kundenklientel bedient würden (vgl. Strauß 1975, 330). Die daraus hervorgegangene Analyse von Kauf- und Lesegewohnheiten der Bevölkerung wird von der Buchbranche als bislang kaum genutztes Marketinginstrument erkannt und stößt auf breites Interesse. 1966 richtet man daher im Börsenverein einen speziellen Ausschuß für Buchmarktforschung ein, der die Erhebung von Marktdaten zentral organisieren soll. In Zusammenarbeit mit dem Institut für Demoskopie Allensbach erarbeitet der Ökonom und Sozialpsychologe Gerhard Schmidtchen 1968 unter der Fragestellung „Wie kann der Buchmarkt wachsen?" eine langfristige Marketingstrategie, die in den folgenden Jahrzehnten unter dem Stichwort ‚Politik für das Buch' stringent vorangetrieben wird. Ziel ist es, den gesellschaftlichen Wert der ‚Belesenheit' neu in der Gesellschaft zu verankern und ihn mit zeitgemäßen Motiven (z. B. Karriere, Selbstverwirklichung, Lebensfreude etc.) zu versehen, damit sich eine möglichst breite Bevölkerungsschicht mit dem Bücherlesen (und -kaufen) als erstrebenswerte Handlung identifizieren könne. Da ein solches Unternehmen vom Börsenverein kaum durch direkte Werbung oder PR zu erzielen geschweige denn zu finanzieren wäre, wie Schmidtchen ausführt, müsse die Lobbyarbeit auf jene Institutionen ausgerichtet werden, die derartige Strukturveränderungen in der Gesellschaft bewirken könnten (vgl. Schmidtchen 1968; ähnlich Mölln 1974). Als ‚Verbündete' des Buchhandels werden vor allem die öffentlichen Erziehungsinstanzen gesehen, deren Aufgabe es sein soll, neue Leserpersönlichkeiten heranzubilden, weiterhin die Wissenschaft, um wirkungsvolle Methoden der Leseförderung zu erforschen und dem Anliegen des Buchhandels die nötige Reputation zu verschaffen, sowie der Staat, von dem eine entsprechende Bildungspolitik und die Finanzierung der Leseförderung erwartet werden (vgl. Strauß 1973; Muth 1984). Die Ergebnisse der demoskopischen Befragungen, die in mehreren Staffeln vom Allensbacher Institut auf repräsentativer Basis ermittelt werden, dienen den Strategen der Buchmarktforschung als Argumentationshilfe, um die Dringlichkeit einer konzertierten Leseförderung zu propagieren. Im wesentlichen wird hier bis in die achtziger Jahre hinein das Bild einer Medienkonkurrenz Buch gegen Fernsehen gezeichnet und versucht, die soziale Überlegenheit des Lesers zu belegen. Betrachtet man allerdings die Fragetechnik der Untersuchungen, so zeigen sich erhebliche Mängel in der Methodik der Item-Formulierungen (*item*:

Aufgabe oder Frage in einem psychologischen oder soziologischen Fragebogen), deren suggestive Wirkung auch zum damaligen Stand der Forschung hätte bekannt sein müssen (vgl. auch die zeitgenössische Kritik, z.B. Steinberg 1981, 638). In anderen Fällen ist die Interpretation der Ergebnisse nicht mehr als wissenschaftlich zu werten, obgleich die Untersuchungen Anspruch darauf erheben. Da bislang keine kritische Studie über die Leistungen der Buchmarktforschung vorliegt, auf die hier verwiesen werden könnte, kann die Fragwürdigkeit ihrer Methodik hier nur an einem typischen Beispiel verdeutlicht werden.

Im Februar 1988 stellt das Allensbacher Institut der einen Hälfte seiner Probanden folgendes Fallbeispiel: „Ein Kind liest in einem Buch. Die Mutter ruft das Kind, es soll gerade etwas im Haushalt helfen. Das Kind antwortet: ‚Nur noch ein paar Seiten, dann ist das Buch zu Ende, dann komm ich.'" Die Probanden sollen nun entscheiden, ob sie als Mutter das Kind zu Ende lesen lassen würden oder ihm sagten, es solle später weiterlesen. Die andere Hälfte der Befragten erhält hingegen das Fallbeispiel in abgewandelter Form. Hier spielt das Kind mit Bausteinen und ruft: „Nur noch ein paar Steine, dann ist das Haus fertig, dann komme ich." 55 Prozent entscheiden sich dafür, auf das Kind mit den Bausteinen zu warten, wohingegen nur 39 Prozent bereit sind, auf das lesende Kind zu warten. Die Differenz von 16 Prozent muß aus dem Kontext der gestellten Aufgabe interpretiert werden. Das geforderte Ziel ist, daß das Kind im Haushalt hilft. Die Entscheidung wird vorrangig von der Dauer abhängig gemacht, auf die man erfahrungsgemäß auf das Kind warten müßte. Das Lesen von „ein paar Seiten" dauert im Mittel länger als das Aufstellen von „ein paar Steinen". Verstärkt wird dieser Effekt durch eine Illustration, die das lesende Kind mit einem Buch zeigt, das allenfalls zur Hälfte gelesen ist. Das schlechtere Ergebnis für das lesende Kind resultiert also aus der Fragstellung selbst. Noelle-Neumann indes interpretiert diesen Befund als Beweis für einen „geringe[n] Respekt vor dem kindlichen Lesen" und resümiert: die „Marktforschung bietet viele methodische Möglichkeiten, auch solche Fragen, die nur halb im Bewusstsein des Menschen sind, verlässlich zu beantworten ..." (Noelle-Neumann 1996, 90f.)

Die unter diesen Vorzeichen gewonnenen und interpretierten Daten der Buchmarktforschung signalisieren eine ständige Bedrohung der Lesekultur und damit dringlichen Handlungsbedarf, und dies, obwohl der Buchbesitz der Haushalte wie auch der Umsatz des Buchhandels kontinuierlich zunimmt. 1976 gelingt es dem Börsenverein, die wichtigsten Kulturträger (Parteien, Kirchen, Autoren, Philologen etc.) unter dem Dach der „Deutschen Lesegesellschaft" zu vereinen, um nach dem Beispiel der englischen „National Book League" eine zentrale Interessenvertretung für das Buch zu schaffen und eine breit angelegte Leseförderung zu betreiben. Wegen mangelnder Loyalität gegenüber den Interessen des Buchhandels und wegen anhaltender Finanzprobleme zieht sich der Börsenverein 1983 aus der Lesegesellschaft zurück und bemüht sich in den folgenden Jahren um eine Neugründung der Institution als „Stiftung Lesen", in der 1988 die noch verbliebenen Aktivitäten der Lesegesellschaft aufgehen. Die Stiftung Lesen übernimmt bald darauf auch die Koordination der Leseforschung, während sich der Ausschuß des Börsenvereins wieder auf Marktforschung im eigentlichen Sinne konzentriert. Nachdem Mitte der achtziger Jahre die Lesekultur zum Thema der Oppositionspolitik auf Landes- und Bundesebene geworden war, erhält die „Stiftung Lesen" 1989 den Auftrag der Bundesregierung, eine Überblicksstudie über den Stand der Leseforschung zu erarbeiten und zukünftige Forschungsvorhaben zu projektieren (vgl. Lesen im internationalen Vergleich 1990 u. 1995). Es schließen sich zwei große demoskopische Erhebungen 1992 und 2000 an, die zu einem großen Teil mit Mitteln des Bundesministeriums für Bildung und Forschung finanziert und von einer Forschungsgruppe der Stiftung Lesen konzipiert und ausgewertet werden. Im Mittelpunkt des Interesses stehen vor allem Unterschiede des Leseinteresses in den alten und neuen Bundesländern, sowie der Einfluß des Computers auf das Leseverhalten. Das Feindbild der Medienkonkurrenz wird inzwischen nicht mehr propagiert: „Lesen am Bildschirm und Lesen in Büchern, Zeitungen und Zeitschriften existieren in friedlicher Koexistenz – weil sie so verschieden sind." (Leseverhalten in Deutschland 2001, 5.)   D.W.

4. Buchhandel

Die beiden folgenden Kapitel stellen die Ware Buch in den Mittelpunkt; die institutionelle Organisation der Buchkommunikation über den Buchhandel und die buchhändlerischen Verbände wird systematisch und in ihrer Genese beschrieben.
D.W.

4.1. Definition und Organisationsformen

Der Buchhandel befaßt sich im weitesten Sinne mit der gewerbsmäßigen Herstellung und Verbreitung von (in der Regel) schriftsprachlichen Erzeugnissen, die an einen materiellen Träger gebunden sind; dazu gehören neben dem gedruckten Buch Handschriften (im antiken, mittelalterlichen und antiquarischen Buchhandel) ebenso wie audiovisuelle und digitale Trägermedien, die der moderne Buchhandel über seine Vertriebsstrukturen vermarktet. Der Buchhandel ist an kirchliche, ökonomische und soziokulturelle Rahmenbedingungen gebunden.

Im alltagssprachlichen Gebrauch meint ‚Buchhandel' meist das Ladengeschäft, also den Sortimenter. ‚Verleger' bezeichnet allgemein jemanden, der ein Produkt auf eigene Kosten herstellen läßt, wobei zunächst jede Stückwerkproduktion unter Vorfinanzierung gemeint sein kann. Seit dem 17. Jahrhundert ist die Bezeichnung allerdings auf den Buchverlag eingeschränkt (Ausnahme: Bierverlag). Der moderne Buchhandel (vgl. Bramann/Merzbach/Münch 1995), dessen Organisations- und Verkehrsformen sich in den letzten zweihundert Jahren entwickelten, läßt sich in drei (vertikale) Wirtschafts- oder Handelsstufen untergliedern: den herstellenden Buchhandel, den Zwischenbuchhandel und den Sortimentsbuchhandel (Bucheinzelhandel).

Der *Verlagsbuchhandel* oder *herstellende Buchhandel* (vgl. Schönstedt 1991) vermittelt zwischen Autor (Urheber) und dem Publikum (Käufer), indem er die materielle Vervielfältigung von Texten, die Buchproduktion, gewerblich betreibt. Mit der Akquisition von Autoren, noch ungedruckten oder bereits gedruckten Texten, ist im Verlag ein Selektionsprozeß verbunden, der ebenso von qualitativen und wirtschaftlichen Kriterien bestimmt wird wie vom Verlags- und Programmprofil. Verlage sind in der Regel unterhalb der Verlagsleitung in die Hauptabteilungen Lektorat/Redaktion, Herstellung (wobei Satz und Druck im Fremdauftrag vergeben werden können), Vertrieb (Marketing, Werbung und Auslieferung bzw. Verkauf) und Verwaltung (Personalabteilung und Rechnungswesen) gegliedert. Die Organisationsstruktur hängt jedoch wesentlich von der Verlagsgröße und dem Verlagstyp ab. Buchverlage können nach Spezialisierung und Programmprofil in den belletristischen Verlag, den Jugendbuch- und Musikalienverlag, den Sachbuch- (Non fiction-)Verlag (zusammen mit dem belletristischen Verlag auch Publikumsverlag), den Fachbuchverlag und den wissenschaftlichen Verlag unterschieden werden. Der Buchverlag vertreibt seine Produktion an den Bucheinzelhandel oder Zwischenbuchhandel (Verlagsauslieferung und Barsortiment) oder in vereinzelten Fällen im Direktverkauf an den Endkunden.

Der *Zwischenbuchhandel* gehört ebenso wie der Bucheinzelhandel zum verbreitenden Buchhandel; er vermittelt zwischen Verlag und Sortiment. Neben der Funktion als Großhandel kann der Zwischenbuchhandel auch reine Dienstleistungsfunktionen übernehmen. Barsortimenter und Buchgroßhändler halten große Bücherlager in eigenem Namen und auf eigene Rechnung, um Sortimentsbuchhandlungen kurzfristig mit fehlenden Einzeltiteln (z. B. Kundenbestellungen) zu beliefern, deren Bezug über den Verlag zu langwierig wäre. Verleger- oder Sortimenterkommissionäre dagegen handeln im Auftrag, im Namen und auf Rechnung des Verlegers, des Sortimenters oder beider (gegen Gebühr). Die Verlagsauslieferung ist ein reiner Verlegerkommissionär; sie entlastet den Verlag u. a. von der Lagerhaltung und dem Versand, von der Bestellannahme aus Einzelhandel und Barsortiment und übernimmt die Faktorierung. Im Auftrag der Sortimenter handelt das Kommissionsgeschäft (früher: Sortimenterkommissionär), der für den Einzelhandel den Warenverkehr mit dem Verlag (Bestellanstalten, Büchersammelverkehr) organisiert.

Der *Bucheinzelhandel* verkauft an den Endkunden. Die Sortimentsbuchhandlung hält je nach Betriebsform ein allgemeines oder spezialisiertes (Fachbuchhandlung, wissenschaftliche und Universitätsbuchhandlung) Angebot vorrätig und kümmert sich um das Bestellgeschäft. Wie der Warenhausbuchhandel (Auchbuchhandel) oder der Bahnhofsbuchhandel ist der Einzelhandel an ein Ladengeschäft (Platzhandel) gebunden, während Nebenmärkte auch über den Reise- oder Versandbuchhandel (neuerdings auch Internetbuchhandel) bedient werden. U.R.

4.2. ‚Books are different' – Der Doppelcharakter von Geist und Ware

Im Oktober 1962 bestätigte das britische Kartellgericht die Gültigkeit der englischen Buchpreisbindung mit der Begründung ‚books are different', Bücher seien *anders* als andere Waren und verdienten daher eine Sonderstellung im Wirtschaftsrecht. Der Prozeß wurde vom Ausland, besonders von Deutschland, mit großem Interesse verfolgt, erwartete man doch von dem Urteil eine Stärkung der eigenen nationalen Preisbindung. Und so entwickelte sich der Satz ‚books are different' zu einem international geläufigen Ausdruck, der nicht zuletzt in Fachpublikationen zum Buchhandel unkritisch übernommen wird und daher einer besonderen Erörterung bedarf.

Da Preiskartelle in einer freien Marktwirtschaft generell verboten sind, weil sie die freie Preisgestaltung nach Angebot und Nachfrage unterbinden, ist diese Sonderstellung des Buchs im wirtschaftlichen Kontext eine beachtenswerte Ausnahme. Seit der Börsenverein 1888 seinen Mitgliedern die Preisbindung vorschrieb, ist in Wissenschaft und Politik über Sinn und Unsinn eines solchen Kartells vehement gestritten worden (vgl. historisch: Bücher 1903, aktuell: Everling/Rürup/Füssel 1997) und auch in den Reihen der Buchhändler war die Einmütigkeit über die Notwendigkeit der Preisbindung keineswegs so gesichert, wie die Verbandspolitik nach außen gerne vorgab. Die Kartellbehörden der meisten europäischen Länder, die eine Preisbindung für Bücher zuließen, beschränkten sich auf deren Duldung, trugen aber keineswegs zur Sicherung der Preisbindung bei. Eine Ausnahme machte Frankreich 1981 mit seinem Preisbindungsgesetz („Loi Lang"), dessen Beispiel Österreich im Jahr 2000 folgte. Die Kartellgesetzgebung im Nachkriegsdeutschland und in anderen Staaten überträgt hingegen die Überwachung und die Ahndung von Preisbindungsverstößen auf den Buchhandel. Man kann somit keineswegs von einer politisch starken Stellung des Buchhandels sprechen, und so war das Urteil der britischen Richter von 1962 von besonderer Bedeutung, zumal im selben Jahr in einem Regierungsbericht die Abschaffung der deutschen Preisbindung erwogen wurde. Derzeit bemüht sich der Börsenverein um eine Übernahme der österreichischen Gesetzgebung auch für Deutschland. Über ein Ergebnis lag bei Drucklegung dieses Buches noch keine Information vor. Auf die wirtschaftlichen und politischen Aspekte der Preisbindung wird unter 5.3. noch ausführlicher eingegangen werden. An dieser Stelle interessiert vor allem die Urteilsbegründung ‚books are different', die nicht nur dem Medium Buch einen besonderen Charakter zuschreibt, sondern auch das kulturelle Selbstverständnis des Buchhandels dokumentiert, wie es sich im 18. Jahrhundert entwickelte und bis heute Bestand hat.

Auf der Tagung der IASV (Internationale Arbeitsgemeinschaft von Sortimenter-Vereinigungen) am 18. Juni 1959 in London wurde eine gemeinsame Resolution über den Status des Buchs und des Buchhandels in der Gesellschaft verfaßt. Dort heißt es:

> Das Buch ist nur in zweiter Linie ‚Ware' (‚ein wirtschaftlicher Wert in verkehrsfähiger Form'). In erster Linie ist es ein Mittel menschlicher Kommunikation, ein Gefäß des Geistes, der Gedanken des Philosophen, der literarischen Schöpfung des Dichters und Schriftstellers, der wissenschaftlichen Resultate des Gelehrten, der Reproduktion des künstlerischen Schaffens. (Zitiert nach A. Gr. 1959, 934.)

Hier werden alle Klischees bedient, die ‚das Buch' als Sammelbegriff traditionell charakterisieren. Seine eigentliche Bestimmung gilt schöngeistigen Zwekken, wohingegen der große Teil der Gebrauchsbücher aus der Definition ausgeklammert und damit indirekt der Warenfunktion zugerechnet wird. Stilisiert wird die Funktion des Buchs als ‚Gefäß' für Wissenschaft und Kunst zum Zwecke der Kommunikation. Das begründet allerdings nicht die Sonderstellung zu anderen Waren. Selbst wenn man den Kulturbegriff in der hier verwendeten, sehr engen und heute kaum noch üblichen Definition akzeptierte, gäbe es mithin unzählige Produkte, denen gleichfalls ein kultureller wie auch wirtschaftlicher Wert zugesprochen werden könnte, ohne daß für sie eine ähnliche gesellschaftliche Sonderstellung in Anspruch genommen würde. Formallogisch werden hier Ware und Kultur als Gegenpole ausgewiesen, bieten Anlaß zur Differenzierung eines Gegenstands in merkantile und kulturelle Wertigkeiten. In gewisser Weise wird dem Handel ein kultureller Anspruch abgesprochen. Nach der bis in die sechziger Jahre hinein vertretenen philosophischen Auffassung definiert sich Kultur als Summe gesellschaftlicher, humanistischer Werte, wohingegen die industriell gefertigte und nach wirtschaftlichen Gesetzen gesteuerte Massenproduktion diese kulturellen Werte durch die Gleichförmigkeit, Billigkeit und Bequemlichkeit ihrer Produkte zu verschütten drohe.

So reflektiert der Primärbuchhandel (eigentlicher Buchhandel in Abgrenzung zum Auch- oder Kolportagebuchhandel) traditionell seine gesellschaftliche Funktion auch nicht als Wirtschaftsfaktor, sondern als Kulturträger, und subsummiert seine Publikations- und Distributionsfunktion als untrennbaren Bestandteil unter den Medienbegriff des Buchs. Medialer Gegenstand und Organisation verschmelzen. Gleichzeitig übernimmt der Buchhandel dabei einen Teil der Verantwortung für den Inhalt seiner materiellen Produkte. Die Verantwortung bleibt nicht alleinige Angelegenheit des Autors als geistigem Schöpfer, denn auch Verleger und Sortimenter haben immer eine Wahl zu treffen, welche Schriften publiziert und verbreitet werden und welche nicht. Wegen dieser Wahl wird ihr Wirtschaften zu einer politischen Angelegenheit. Je nach ideologischer Perspektive kann die Entscheidung für Publikation und Vertrieb einer Schrift als private Zensur oder auch als Defätismus gewertet werden und zu einer Bedrohung der wirtschaftlichen oder persönlichen Existenz der Buchhändler führen (staatliche Zensur, Boykott, Beschlagnahme, Konzessionsentzug, Inhaftierung). In den Jahrhunderten bis zur Einführung des Reichspressegesetzes 1874 und der damit verbundenen staatlich garantierten Publikationsfreiheit verhinderten die relativ lose Organisationsform des Buchhandels und dessen Verzicht auf den Zusammenschluß in Zünften oder Innungen eine zentrale Angriffsfläche staatlicher Kontrolle. Zudem sollte die angestrebte Pressefreiheit nicht durch ein enges, die Berufsausübung reglementierendes Korsett verbandspolitischer Kartelle behindert werden. Wer als Autor keinen Verleger fand, dem wurde im Geiste der Aufklärung zumindest die Möglichkeit eingeräumt, sich auf eigenes Risiko selber zu verlegen. Auf der einen Seite waren die möglichst freie Gewerbeausübung und der Schutz, den die mangelnde Transparenz eines freien Marktes bot, für die Meinungsfreiheit von großer Wichtigkeit. Auf der anderen Seite betraf dieser Vorteil nur einen vergleichsweise geringen Teil der Buchproduktion, wohingegen die Masse der verlegten Bücher politisch ohne Brisanz war und durch die Expansion des Buchmarktes seit Mitte des 18. Jahrhunderts maßgeblich zu einer Verschärfung des wirtschaftlichen Wettbewerbs beitrug. Dieser Wettbewerb führte zugleich zu der entgegengesetzten Forderung, die Gewerbefreiheit zu unterbinden und den Markt durch eine verbindliche Festsetzung von Handelskonditionen wirtschaftlich zu regulieren. Mit der Gründung des Deutschen Reichs und der Einführung einer für das ganze Territorium einheitlichen Pressefreiheit rückte diese Forderung in den Mittelpunkt des Interesses einer buchhändlerischen Reformbewegung. In deren Verlauf wurde dem Börsenverein erst jenes Gewicht zugetragen, das ihm erlaubte, als Kontrollinstanz über den Primärbuchhandel zu fungieren. Das Kartell, das auf diese Weise 1888 entstand, schützte zwar die beteiligten Buchhandelsfirmen untereinander vor allzu großem Wettbewerb, jedoch gegen das Interesse der Gesellschaft, Bücher zu den günstigsten Bedingungen zu erwerben. Um diese Handelspraxis zu rechtfertigen, bedarf es einer besonderen Leistung des Buchhandels für die Gesellschaft, die ihn von anderen Wirtschaftszweigen über die Produktions- und Distributionsfunktion hinaus unterscheidet. Diese Leistung wird bis in die sechziger Jahre des 20. Jahrhunderts hinein vor allem als bildungspädagogische Aufgabe des Buchhändlers definiert. Zugleich versteht sich der Buchhandel als Sachwalter der Kultur, indem er dafür Sorge zu tragen habe, daß die gesellschaftlich wertvolle Literatur weiterhin vervielfältigt werde und im Handel verfügbar bleibe.

Doch obgleich sich in der zweiten Hälfte der sechziger Jahre mit der Änderung des Kultur- und Bildungsbegriffs auch das Berufsbild des Buchhändlers zu wandeln begann, wird die alte Standesauffassung kulturpolitisch bis heute gepflegt – wenn auch in sprachlich dem Zeitgeist adaptierter Form –, wie sich am nachdrücklichsten in Rechtfertigungsschriften zum Erhalt der Preisbindung erkennen läßt. Beispielsweise beruft sich Anne Buhrfeind in dem unlängst erschienenen „Handbuch Lesen" vierzig Jahre nach der IASV-Resolution weiterhin auf die alte Differenz von Ware und Kultur:

> Bücher sind anders, sie sind keine normale Ware, sie sind auch noch ‚Kultur' und sie haben, im Gegensatz zu einem Turnschuh oder einem Schokoriegel, eine gesellschaftliche Funktion, indem sie vermitteln, was dieser Gesellschaft wichtig ist. Das Buch ist Grundlage und Manifestation des geistigen Lebens. (Buhrfeind 1999, 464.)

Auch diese Argumentation ist zu kurz gegriffen. Ein Turnschuh und ein Schokoriegel können – mit McLuhan gesprochen: „the medium is the message" – sehr wohl gesellschaftliche Werte vermitteln. Offenbar bestimmt aber, was in der Gesellschaft wichtig ist, ausschließlich eine Institution, die als ‚geistiges Leben' umschrieben wird, d. h. indirekt besteht auch hier weiterhin die eingeschränkte

Definition des Buchs als vornehmlicher Träger wissenschaftlicher oder ästhetischer Inhalte ganz im Sinne der alten Kulturdefinition – darüber mag auch nicht hinwegtäuschen, daß der Begriff Kultur vorsorglich in Parenthese gesetzt wird. Dieses Monopol hat das Buch aber spätestens seit Aufkommen der Kinematographie oder des Rundfunks eingebüßt. Wenn also im Folgenden von den Besonderheiten des Buchhandels und seinen Wirtschaftsformen die Rede sein wird, so lassen sich diese weniger auf die Einzigartigkeit des Handelsgegenstands als vielmehr auf die besondere Entwicklungsgeschichte des Buchhandels, seine Probleme mit der wachsenden Verlagsproduktion und seine Verzahnung mit den Interessen der verschiedensten gesellschaftlichen Institutionen zurückführen, deren Literatur er publiziert und verkauft. D.W.

4.3. Geschichte der Organisationsformen des deutschen Buchhandels in Grundzügen

4.3.1. Handschriftenhandel im Mittelalter

Generell gilt für die Buchproduktion im Mittelalter, daß sie als Auftragsproduktion bedarfsdeckend arbeitet, so daß sich ein differenziertes Vertriebssystem erübrigt. In aller Regel geht jedem (Ab-)Schreibvorgang, aus dem ein Buch entsteht, eine Absprache zwischen Auftraggeber und Auftragnehmer voraus; auch in nichtkommerziellen Produktionsvorgängen sind der künftige Buchbesitzer und die Buchnutzung in der Regel bekannt. Im frühen und hohen Mittelalter dominiert die klösterliche Schreibstube, wobei Handschriften häufig für die eigene Bibliothek entstehen, innerhalb des Ordens oder an befreundete Institutionen weitergegeben werden. Ebenso werden erbauliche und weltliche Handschriften für den Weltklerus und den Adel hergestellt, wenn auf laikale Produktionszusammenhänge (noch) nicht zurückgegriffen werden kann oder soll.

Ein organisierter Buchhandel entsteht an den Universitäten in Frankreich, Italien, Spanien und England (besonders in Paris, Bologna und Oxford) seit dem beginnenden 13. Jahrhundert. Die ‚stationarii' oder ‚librarii', vereidigte Universitätsbuchhändler, halten die wichtigsten Lehrbücher für den Unterricht in ungebundenen Exemplaren bereit. Die einzelnen Faszikel, Pecien (lat. *pecia*: Stück, Teil), meist zwei Doppelblätter, können im Laden der Buchhändler gegen eine von der Universität festgesetzte Gebühr zur Abschrift an Studenten oder professionelle Schreiber ausgeliehen werden. Das Pecia-System ermöglicht die parallele Arbeit mehrerer Kopisten an einem Manuskript und beschleunigt so die Buchproduktion. Zudem unterstehen die Buchhändler universitären Gremien, die sowohl einen Richtpreis festsetzen als auch die Authentizität und Korrektheit der Normexemplare kontrollieren. In der Mitte des 14. Jahrhunderts geht diese Form rationeller Vervielfältigung wissenschaftlicher Bücher zu Ende.

Neben dem universitären Buchhandel entwickelt sich ein von Laien getragener Buchhandel in den bedeutenderen Handelsstädten. Bereits vor Ende des 12. Jahrhunderts ist in Paris ein Buchhandel nachweisbar. Die gewerbsmäßig arbeitenden Buchhändler übernehmen oft nur organisatorische Aufgaben, indem sie zwischen dem Auftraggeber und den Handwerkern vermitteln. Pergamenter, Schreiber und Illuminatoren arbeiten Hand in Hand und meist in räumlicher Nähe, wobei der Buchhändler selbst einem der genannten Gewerbe entstammt. Inhalt, Format und Ausstattung sowie der Preis werden in privatrechtlichen Vereinbarungen ausgehandelt. Der Buchhändler beschafft die Vorlage der gewünschten Texte, besorgt das nötige Pergament und koordiniert die einzelnen Arbeitsschritte; je nach seiner Ausbildung arbeitet er selbst an dem Manuskript mit. So lassen sich auch hochwertig ausgestattete Bücher unter Umständen in kurzer Zeit herstellen, wobei serielle Produktionsmethoden eingesetzt werden. Einer der bedeutenden frühen Buchhändler, für den diese Arbeitsweise faßbar ist, ist Nicolas Lombard in Paris (1248–1276 tätig). Neben lateinischer Literatur gehen auch volkssprachliche Unterhaltungs- und Erbauungstexte aus den Pariser Werkstätten hervor (beispielhaft untersucht von Rouse/Rouse 2000).

Noch im späten Mittelalter ist die Vorratsproduktion nach wie vor die Ausnahme. Dies gilt auch für die zahlreichen Laienschreiber, wie die Stuhl- oder Kathedralschreiber Berufsschreiber, die neben Akzidenzschrifttum Bücher auf Bestellung abschreiben. Für eine Vorratsproduktion gibt es erst im ausgehenden Mittelalter vereinzelte Hinweise, wobei sich die Produktionszeiten dieser Werkstätten bereits mit dem Buchdruck überschneiden. Überwiegend weltliche Unterhaltungsliteratur in illustrierten Papierhandschriften bestimmt das Programm der Elsässischen Werkstatt von 1418 und der des Diebold Lauber in Hagenau (1427–1467). Die Bücheranzeigen mit ihren werbenden Kaufrufen, die sich von Lauber erhalten haben, scheinen darauf hinzuweisen, daß nun eine Verschiebung von der bedarfsdeckenden zur bedarfsweckenden Arbeitsweise eingetreten ist. Zuletzt muß noch darauf hingewiesen werden, daß es während der gesamten Handschriftenzeit einen regen Handel mit gebrauchten Büchern gibt. U.R.

4.3.2. Buchhandel der Frühen Neuzeit

Mit der Umstellung der Buchproduktion auf den Druck mit vielfach verwendbaren Lettern nach der Mitte des 15. Jahrhunderts setzen weitreichende Änderungen im Buchhandel ein. Diese bewirken mittel- und langfristig eine Spezialisierung und berufsständische Etablierung der in der Buchproduktion tätigen Gewerbe, die Ausdifferenzierung der einzelnen Sparten sowie die Ausbildung spezieller buchhändlerischer Verkehrsformen. Die Produktionsweise des Buchdrucks beruht auf dem Prinzip der Erzeugung hoher Stückzahlen einer identischen Ware unter Vorausfinanzierung im arbeitsteiligen Werkstattbetrieb (Produktion im Verlagssystem). Der Warencharakter ist damit dem gedruckten Buch bereits über die Art und Weise seiner Entstehung eingeschrieben. Mit der kapitalintensiven Vorratsproduktion einer Vielzahl von Exemplaren bei gleichzeitiger Vereinfachung der Herstellungsweise verschiebt sich – vor allem nachdem die Drucktechnik aus der frühen experimentellen Phase zur gewöhnlichen Handwerksleistung übergegangen ist – der Schwerpunkt von der Buchproduktion auf den eigentlichen Handel. Der Verleger muß nicht mehr unbedingt selbst drucken, während Kleindruckereien entstehen, die zu Lohndruckbetrieben absinken. Anderseits werden der Verlagshandel und das Sortiment eng zusammengeführt, so daß der Verlegersortimenter das Bild des verbreitenden Buchhandels bestimmt. Die gewinnträchtigen Sparten liegen mittelfristig nicht in der technischen Herstellung, sondern im Handel.

In der Frühzeit des Buchdrucks (vgl. dazu Rautenberg 1999) bis etwa um 1480 liegt das buchhändlerische Gesamtgeschäft allerdings noch in der Hand des sogenannten Druckerverlegers. Johannes Gutenberg und Peter Schöffer sind als die frühesten Drucker zugleich Verleger, insofern sie die Gesamt- und Einzelkosten tragen und über das Programm, die Höhe der Auflage sowie die Typographie und Ausstattung entscheiden; darüber hinaus sind sie gezwungen, Strategien für Transport, Marketing und Verkauf der Ware Buch zu entwickeln, die der Handschriftenmarkt nicht bereitgestellt hatte. Hierin liegt, neben der technologischen Entwicklung, die überragende Leistung der Buchhändler in der zweiten Hälfte des 15. Jahrhunderts. Sie etablieren die Wirtschaftsformen für den neuen, anonymen Buchmarkt, der nicht vom Käufer, sondern von der Produktion her organisiert wird. Der große Kapitelbedarf bewirkt, daß sich die überregional operierenden Druckerverleger an den kaufmännischen Handelsbräuchen der Fernhandelskaufleute orientieren und nicht etwa an kleinteiligen, handwerklich geprägten Handelsformen. So schließen die Druckerverleger sich mit Finanziers aus der Großkaufmannschaft oder mit anderen Druckerverlegern zu Verlags- und Handelsgesellschaften zusammen, die der Risikominderung und dem gemeinschaftlich organisierten Vertrieb dienen. Diese Geschäftsgemeinschaften können für ein Projekt auf kurze Zeit abgeschlossen werden oder aber langfristige Beziehungen begründen; so etwa im Fall des Nürnberger Großbuchhändlers Anton Koberger (1440/45–1513), der mit dem Basler Druckerverleger Johannes Amerbach wie auch mit Petri und Froben zusammengearbeitet hat. Die Großbuchhändler der Kölner Verlegerdynastie Birckmann, die im 16. Jahrhundert den Englandhandel dominieren, stehen auch beispielhaft für eine Entwicklung, die die Druckwerkstatt nicht mehr als Zentrum des Verlages sieht. Wie auch der reine Großbuchhändler und Verlagssortimenter Johannes Rynmann (tätig 1486–1522) in Öhringen und Augsburg operieren diese zeitweise ohne eigene Druckerei.

Die wirtschaftliche Orientierung an der Unternehmensführung der Groß- und Fernkaufleute wird durch den potentiell europaweiten Handelsmarkt bestimmt. Die überwiegend lateinische Produktion juristischer und theologisch-wissenschaftlicher Literatur, der Bibel- und Kirchenvätertexte und der erbaulichen

Literatur richtet sich an eine homogene Käuferschicht, die aus Klerikern und universitär Gebildeten besteht. So nutzen die Druckerverleger die Fernhandelsstraßen und wickeln den Transport mit professionell arbeitenden Fuhrunternehmen ab. Die Handelsmessen europäischer Geltung wie die in Frankfurt am Main, Antwerpen, Lyon und Venedig werden ebenso wie die Messen und Märkte mit regionalem Einzugsbereich für den Warenumschlag untereinander und im Verkehr mit Buchführern und Endkunden genutzt. Weiterhin sind die Messen Abrechnungsplätze; fällige Zahlungen, Wechseltermine sowie der Abgleich in Kommission genommener Ware oder der Eintausch Ware gegen Ware werden auf die jeweiligen Messezeiten terminiert. Die Produktion richtet sich verstärkt an den Messeterminen aus.

Die Druckerverleger und Großbuchhändler operieren nicht nur vom Verlagshaus und dem angegliederten Ladengeschäft aus, sondern auch von Filialen oder Warenlagern, die von Kommissionären oder angestellten Faktoren betreut werden. Diese Niederlassungen entstehen an den großen Messeplätzen als den natürlichen Kommissionsorten und in wichtigen Handelsstädten mit guter Verkehrsanbindung. Von hier gehen angestellte Knechte aus, die mit Planwagen, auf denen die Bücher in Fässern transportiert werden, von Stadt zu Stadt ziehen. Ihren zeitweiligen Verkaufsort, meist ein Gasthaus oder das Haus eines ansässigen Gelehrten, kündigen sie ebenso wie die angebotenen Titel auf einseitig bedruckten Plakaten oder Zetteln an, die an frequentierten Plätzen ausgehängt werden. Die Titellisten auf diesen Buchführerplakaten lassen den Schluß zu, daß bereits die frühen reisenden Händler nicht nur die Ware eines Druckerverlegers führen, sondern daß das Angebot durch die Produktion anderer, befreundeter Druckhäuser erweitert wird.

Um 1490 häufen sich die archivalischen Belege für einen neuen Berufsstand, den sogenannten Buchführer, der im Platzhandel auf eigene Rechnung ein Sortiment betreibt und die Detailversorgung im Reisehandel übernimmt. Mit den Buchführern entsteht der eigentliche Sortimentsbuchhandel, der wesentlich im Einzelhandel tätig ist. Bis 1550 sind etwas mehr als tausend Buchführer im deutschen Kerngebiet nachweisbar (vgl. Grimm 1967). Mit dem verstärkt aufkommenden Platzhandel verschwinden die Buchführeranzeigen am Ende des 15. Jahrhunderts. Im 16. und in der ersten Hälfte des 17. Jahrhunderts werben Verleger dann mit Plakaten oder dünnen Broschüren, die eigens für die Messen bestimmt sind.

Zusammen mit den ebenfalls auf der dritten Handelsstufe agierenden Druckerverlegern bilden die Buchführer ein dichtes buchhändlerisches Vertriebsnetz, das eine nahezu flächendeckende Versorgung garantiert, auch wenn die Beschaffung eines speziellen Titels mühsam und langwierig sein kann. Insgesamt ist, trotz eines nicht unbedeutenden Platzhandels, der frühmoderne Buchhandel Reisebuchhandel, wobei der Detailhandel in nicht geringem Maße durch reisende Kolporteure abgewickelt wird.

Voraussetzung für die Entstehung des Sortiments ist ein leistungsfähiger Zwischen- und Großbuchhandel, wie er ohne die Messen nur schwer denkbar ist. Die meßfähigen Sortimenter kaufen auf den Messen ein, können aber auch vom Großhändler direkt beliefert werden. Zu den bedeutendsten Zwischenhändlern gehört der Augsburger Georg Willer (tätig 1548–1593), der seit 1564 halbjährlich die auf der Frankfurter Messe angebotenen Novitäten in Meßkatalogen zusammenstellt und sie an die Buchführer und seine Direktkunden verschickt. Leipziger Meßkataloge erscheinen ab 1594.

Nach der Mitte des 16. Jahrhunderts beginnt sich der Tausch- oder Changehandel im Verkehr der Buchhändler auf der zweiten Handelsstufe durchzusetzen. Für den frühen Buchhandel kann man von Kommmissionsgeschäften und Festabnahme bei Barzahlung und Kontenausgleich, zumeist zu festgesetzten Abrechnungsterminen, ausgehen. Das Rechungsbuch des Peter Drach in Speyer (erhaltene Einträge zwischen 1480 und 1503) zeigt aber bereits die Praxis des Tauschhandels oder des ‚Verstechens' einzelner Exemplare. Bedingt durch einen wirtschaftlichen Einbruch des nationalisierten und konfessionell reglementierten deutschen Buchmarktes nach dem Dreißigjährigen Krieg, läßt sich eine weitgehende Umstellung auf den bargeldlosen Verkehr beobachten: man tauscht auf den Messen Neuerscheinungen meist Bogen gegen Bogen. Die genauen Taxen bzw. Gepflogenheiten des Tauschverkehrs nach den Quellen sind nur sehr ungenügend erforscht. Voraussetzung für den Tauschhandel ist der Verlagssortimenter oder Sortimenterverleger, d. h. ein Sortiment kann nur zugleich mit einem Verlag betrieben werden, der die zum Tausch bestimmte Ware produziert. Diese Handelsform hat den Vorteil der Umgehung des Barverkehrs und damit auch der Umrechnungsprobleme im Geldverkehr; zudem läßt sich so ein großes Sortiment bei geringem finanziellen Risiko am Lager halten. Nachteilig wirken sich aber die Unterkapitalisierung und eine Produktionsweise am Markt vorbei aus, da nicht für den zahlenden Endkunden verlegt wird, sondern für den Tausch auf gleicher Handelsstufe. Zusammen mit dem gesamtwirtschaftlichen Niedergang im 17. Jahrhundert bewirkt der Changehandel, daß die deutsche Buchproduktion auch qualitativ international nicht mehr konkurrenzfähig ist. Die notwendige Trennung zwischen herstellendem und vertreibendem Gewerbe wird erst durch die Buchhandelsreformen nach der Mitte des 18. Jahrhunderts mit dem Übergang zum Nettohandel eingeleitet. U.R.

4.3.3. Von der Mitte des 18. Jahrhunderts bis zur Gründung des Börsenvereins

Beflügelt durch den Geist der Aufklärung und die neue Popularität belletristischer Unterhaltungsliteratur führt der nach 1750 rapide wachsende literarische Markt den Buchhandel rasch an die Grenzen seiner Kapazität. Das zunehmende Angebot an Neuerscheinungen vergrößert das unternehmerische Risiko, die produzierte Ware auch absetzen zu können, zumal sich zeigt, daß nur wenige Titel zu Bestsellern avancieren und ein Großteil der Buchproduktion als totes Kapital die Bücherlager füllt. Dieses Ungleichgewicht führt zu einer inflationären Tendenz im Tauschhandel. Verleger erfolgreicher Bücher sind letztlich gezwungen, ihre Produktion gegen schwerverkäufliche Titel ihrer Kollegen einzutauschen, und umgekehrt können diese auch vorsätzlich darauf abzielen, mit schnell und billig hergestellter Ware wertvolle Bücher zu beziehen, die sich an den eigenen Kundenkreis gewinnbringend veräußern lassen. Hinzu kommt, daß sich in dieser Zeit die Zahlung eines Autorenhonorars einbürgert und damit die Wertdifferenz zwischen Vorfinanzierung des materiellen Buchs und Vorfinanzierung des Inhalts in der Kalkulation berücksichtigt werden muß.

Eine weitere Asymmetrie entsteht durch die unterschiedlichen politischen und wirtschaftlichen Rahmenbedingungen auf dem deutschsprachigen Buchmarkt. Die kapitalstärkeren protestantischen Länder in Nord- und Mitteldeutschland betreiben eine liberalere Kulturpolitik und engagieren sich in der staatlichen Förderung des Buchhandels, wohingegen die katholischen Länder des alten Römischen Reichs deutscher Nation – zu sehr auf die Hygiene des Schrifttums im Rahmen der alten Werteordnung bedacht – mit Kontroll- und Zensurinstanzen den Handel eher behindern. In Folge dessen verschiebt sich das Zentrum des deutschsprachigen Buchhandels durch eine Verlagerung des Messewesens von Frankfurt nach Leipzig. Zugleich wird die Stadt auch Firmensitz einiger bedeutender Verlagsbuchhändler und bekommt damit eine Vormachtstellung im Gefüge des Buchhandels.

Die Probleme des Tauchhandels wirken sich für die sogenannten norddeutschen Buchhändler in den protestantischen Ländern besonders stark aus, sind es doch vor allem die Schriften im Geiste der Aufklärung, die im ganzen deutschsprachigen Raum Abnehmer finden, wohingegen die eingetauschten Titel der Reichsbuchhändler der eigenen Kundschaft kaum zu vermitteln sind und auch auf den Messen häufig nicht angeboten werden. Die wirtschaftspolitische Vormachtstellung erlaubt es den Leipziger Buchhändlern schließlich, vom Changeauf den Nettohandel umzustellen und von den Reichsbuchhändlern Bargeld abzüglich eines Viertels Rabatt zu verlangen. Durch ungünstige Wechselkurse schmälert sich dieser Rabatt für die Reichsbuchhändler auf weniger als 16 Prozent, so daß noch nicht einmal ihre Handlungskosten zur Gänze gedeckt werden. Der Streit über diese Benachteiligung führt zu einer Frontenbildung der süddeutschen gegen die Leipziger Buchhändler.

Der Nettohandel trennt die Personalunion von Verlegern und Sortimentern. Durch den Wegfall des Changehandels entfällt auch der Zwang, selbst Bücher verlegen zu müssen, um einen Gegenwert zum Tauschen zu haben. Die ersten reinen Sortimenter nehmen ihr Geschäft auf. Umgekehrt lagern nun große Verleger Versand und Fakturierung an Dritte, sogenannte Kommissionäre, aus und konzentrieren sich auf diese Weise stärker auf die Publikation von Neuer-

Geschichte der Organisationsformen des deutschen Buchhandels 73

scheinungen. Da die Kommissionäre mehrere Verlage gleichzeitig betreuen, kann durch diese frühe Form des ‚Outsourcings' auch die Bestellabwicklung rationalisiert werden.

Die Reichsbuchhändler indes hatten untereinander auf die Probleme des Tauschhandels, so weit sie selbst davon betroffen waren, mit der Einführung des ‚Bedingtbezugs', dem sogenannten Konditionshandel reagiert. In seiner ursprünglichen Form war dies zunächst eine Mischung aus Tausch- und Nettohandel, dessen Vorzüge darin bestanden, daß zwar einerseits weiterhin Novitäten getauscht wurden, andererseits die wertmäßige Abrechnung erst nach einem Jahr auf der Basis der tatsächlich verkauften Exemplare erfolgte. Dann konnten die unverkauften Titel remittiert oder für ein weiteres Jahr disponiert werden. Größere Wertdifferenzen der Bücher beider Tauschpartner wurden auch gegen Barzahlung ausgeglichen. Diese Praxis ermöglichte zudem den Handel von Neuerscheinungen außerhalb der Buchmessen, was der Forderung des Marktes nach beständig neuer Literatur entsprach. Die Buchhändler verschickten ihre Produktion ‚pro novitate' unverbindlich an ihre Kollegen und nutzten die Buchmesse nunmehr vornehmlich zur Abrechnung.

Die ‚Reichsbuchhändler-Handlungsart', wie man den Konditionshandel zunächst nennt, wird jedoch von den Leipziger Buchhändlern nicht als Alternative akzeptiert, wähnt man sich doch in der stärkeren wirtschaftspolitischen Position und ist nicht daran interessiert, durch das Einräumen von Remissionsrechten Verkaufsrisiken zu übernehmen. Um den Buchmarkt weiterhin an Leipzig zu binden, beharrt man selbst darauf, ausschließlich auf den Leipziger Buchmessen zu handeln und zwischenzeitlich keine Sendungen ‚pro novitate' auszuliefern. Als natürliche Konsequenz beginnen die Reichsbuchhändler verstärkt damit, die begehrten Titel der norddeutschen Kollegen im großen Stil nachzudrucken. Sachsen verwehrt daraufhin Nachdruckern die Einreise und das Handelsrecht auf der Buchmesse. Zur Legitimation der Verlagsproduktion müssen die Händler Autorenverträge nachweisen und ihre Titel in die Leipziger Bücherrolle eintragen lassen, einer frühen Form des Urheberschutzes, wenngleich nur von regionaler Bedeutung.

In dem Streit kann sich keine Partei durchsetzen. Leipzig bleibt zu bedeutend, als daß die Reichsbuchhändler den Handelsort boykottieren könnten. Um gekehrt zwingen die sich verschlechternden wirtschaftlichen Verhältnisse auch die Leipziger Buchhändler zur Vernunft. Besonders der Preisverfall durch ‚Schleuderei', d. h. der Einräumung von hohen Rabatten (teilweise bis zu fünfzig Prozent) an den Endkunden, droht den Nettohändlern zum Verhängnis zu werden. Nach und nach gehen sie auf die Forderungen der ‚Nürnberger Schlußnahme' von 1788 ein, einer Resolution der süddeutschen Buchhändler gegen ihre Ungleichbehandlung. Zu den Forderungen gehören die Übernahme des Konditionshandels, wenngleich auch ohne Tauschgeschäfte, die Einräumung kostendeckender Rabatte, der Handel Leipziger Bücher auch außerhalb der Messe und die Einrichtung eines Abrechnungslokals für die auswärtigen Buchhändler auf der Ostermesse. Letzteres wird zunächst provisorisch in einem Café, später im theologischen Auditorium der Universität eingerichtet. Diese Buchhändlerbörse bietet den Reichsbuchhändlern zugleich ein Podium für die Abstimmung gemeinsamer Interessen. 1825 gründet sich aus dieser Versammlung heraus der Börsenverein der Deutschen Buchhändler (zur Geschichte des Börsenvereins vgl. Der Börsenverein 2000), der zwar satzungsgemäß zunächst nur die Fortführung des bislang privat organisierten Abrechnungsgeschäftes als Verein vorsieht; Vereinsstruktur, Mitgliedschaft und Stimmrecht eröffnen aber weitreichende Optionen, die Vereinstätigkeit nicht nur auf die Abrechnungsgeschäfte zu beschränken, sondern ganz allgemein für Branchenpolitik zu nutzen.

Der neuentstandene Börsenverein wird von den Leipziger Buchhändlern als konkurrierende Interessenvertretung der süddeutschen Buchhändler auf dem eigenen Territorium empfunden und mit Argwohn betrachtet. Man setzte ihm den „Verein der Buchhändler zu Leipzig" entgegen, dessen Statuten aber bereits auf eine Kompromißlösung schließen lassen, mit der die beiderseitigen Interessen gewahrt und zugleich einer gemeinsamen Verbandspolitik der Weg bereitet werden kann. Der Konditionshandel und damit der ganzjährige Handel von Novitäten außerhalb der Messen macht ein gemeinsames ‚Circular' zur Annoncierung der Neuerscheinungen wünschenswert. 1835 wird auf Initiative des Leipziger Buchhändlervereins das „Börsenblatt für den Deutschen Buchhandel und die mit ihm verwandten Geschäftszweige" gegründet und an die Mitglieder des Börsenvereins herausgegeben. Ebenso erweitert der Leipziger Buchhändlerverein die Abrechnungsbörse zur dauerhaften Einrichtung mit einem wöchentlichen Börsentag. So wird der Bau einer eigenen Lokalität für die Buchhändlerbörse zum gemeinsamen Ziel beider Verbände, die 1836 eingeweiht werden kann und 1888 durch ein noch repräsentativeres Gebäude ersetzt wird. Damit entfällt auch die Funktion der Buchmesse als Abrechnungstag. Die Buchmesse wandelt sich – wie in anderen Branchen auch – zur Mustermesse.

Nachdem es den Leipziger Buchhändlern auf diese Weise gelungen war, den Buchverkehr weitestgehend auf Leipzig zu fixieren, stellen sich mit zunehmendem Handelsvolumen neue logistische Probleme. In immer größeren Mengen treffen täglich die Bestellzettel aus allen deutschsprachigen Regionen in der Stadt ein, deren umständliche Zustellung an die vielen Kommissionäre neue Rationalisierungsmaßnahmen erforderlich macht. 1842 wird die „Leipziger Bestellanstalt für Buchhändlerpapiere" ins Leben gerufen, eine zentrale Adresse für den Eingang aller Bestellzettel, deren einzelne Bestellposten von der Bestellanstalt für die jeweils betroffenen Kommissionäre gebündelt werden.

Trotz der technischen Fortschritte im Fernverkehr (Eisenbahn) bleibt die zentrale Auslieferung von Leipzig aus eine Herausforderung. Einige Kommissionäre bauten Mitte des 19. Jahrhunderts auf eigene Rechnung Bücherlager mit den gängigsten Titeln in anderen Gebieten Deutschlands (z. B. Stuttgart, Hamburg) auf, um von dort aus die Buchhandlungen der Region schneller beliefern zu können. Auf diese Weise entstehen neue Formen des Zwischenbuchhandels. Da diese Großsortimente die Buchhandlungen nicht im Bedingtverkehr beliefern, sondern sofortige Bezahlung verlagen, werden sie auch Barsortimente genannt. Häufig übernehmen Barsortimente als Zusatzservice auch die Funktion einer regionalen Bestellanstalt, die den kleinen Sortimentern bei der Besorgung von Verlagsbestellungen hilft. In diesem Fall spricht man von Sortimenterkommissionären.

Nach Gründung des Deutschen Bundes 1815 hatte sich die politische Situation stabilisiert, so daß einer gemeinsamen politischen Lobbyarbeit des Buchhandels für eine territorialübergreifende, staatsrechtliche Lösung des Nachdruckproblems realistische Chancen eingeräumt werden konnten. Am Rande der Ostermesse 1833 formiert sich ein Ausschuß, der im Laufe des Jahres die sogenannten „Vorschläge zur Feststellung der literarischen Rechtsverhältnisse in den Staaten des deutschen Bundes" ausarbeitete. Diese Vorschläge dienen schließlich maßgeblich als Grundlage einer gesamtdeutschen Urheberrechtsgesetzgebung, die durch Bundesbeschluß am 9. November 1837 in Kraft tritt. Allerdings ziehen sich Nachverhandlungen mit Einzelstaaten noch bis kurz vor Gründung des Deutschen Reichs hin. Die Nutzungsrechte an einem Werk werden vom Tod des Autors an um eine weitere Lebensspanne, d. h. nach damaligem Verständnis 30 Jahre, geschützt. 1886 wird mit der sogenannten „Berner Übereinkunft" das Urheberrecht erstmals international einheitlich festgeschrieben. D.W.

4.3.4. Von der Krönerschen Reform bis zum Nationalsozialismus

Nach der Lösung des Nachdruckproblems beginnen Bestrebungen, die interne Verbandspolitik zu reformieren und die Mitglieder stärker an einheitliche Beschlüsse zu binden. (Zum Folgenden vgl. die Geschichte des deutschen Buchhandels, 2001.) Da sich die Zahl der Mitgliedsfirmen seit der Gründung des Börsenvereins auf über tausend verzehnfacht hatte, wird es immer problematischer, gegen die vielfältigen Einzelinteressen weitgreifende gemeinsame Beschlüsse durchzusetzen. Auf der anderen Seite ist die Zahl der Mitglieder aber noch zu gering, um ausreichenden Einfluß auf den gesamten Buchmarkt ausüben zu können. Der Vorstand forciert deshalb eine umfassende Satzungsänderung, um die Macht des Verbands innerhalb des Buchhandels zu stärken. Nach einem ersten Entwurf 1879 soll sich die Aufgabe des Börsenvereins fortan in der „Anbahnung und Feststellung allgemein gültiger geschäftlicher Normen sowohl im Verkehr der Buchhändler untereinander als mit dem Publikum" definieren (zitiert nach Kapp/Goldfriedrich 1913, Bd. 4, 522f.). Hintergedanke ist dabei vor allem, das immer dringlicher werdende Problem der Schleuderei durch ein Konditionenkartell auf Mitgliederebene zu unterbinden und Preisnachlässe an den Endkunden generell zu verbieten. Der Preiskampf auf dem Buchmarkt hatte sich verschlimmert, seit 1869 die Gewerbefreiheit endgültig eingeführt und jegliche Konzessionierungspflicht aufgehoben worden war. Jeder kann nun im Haupt- oder Nebenerwerb ohne Nachweis kaufmännischer Fähigkeiten nach Belieben mit Büchern handeln, ohne sich einem buchhändlerischen Berufsethos verpflichtet fühlen zu müssen. Eine ideale Geschäftsidee, schließlich benötigt man durch den Konditionshandel der Verlage dazu noch nicht einmal besonderes Risikokapital. Eine ähnliche Problemkonstellation hatte es schon zu Beginn des Jahrhunderts gegeben, doch obgleich immer wieder Forderungen erhoben wurden, den Buchhandel als Innung zu organisieren, entschied man sich doch bis zuletzt für den freien Handel als Garant einer Presse- und Publikationsfreiheit. 1853 gründete man in Leipzig die „Buchhändler-Lehranstalt", um die Ausbildung eines Teils des Nachwuchses unter Aufsicht des Verbands selbst zu organisieren und Unschärfen im Berufsbild vorzubeugen. Eine weitere Einmischung der Buchhandelorganisationen fand aber nicht statt, ganz so, wie Friedrich Perthes es gut zwanzig Jahre zuvor gefordert hatte: „Die Bestimmung unseres Vereins ist nicht Monopol zu erstreben und auszuüben – dessen Zweck nicht, unserem freien Handel Fesseln anzulegen" (zitiert nach Kapp/Goldfriedrich 1913, Bd. 4, 403). Die angespannte Lage des Buchmarkts in den siebziger Jahren des 19. Jahrhunderts führt zu einem Umdenken. Zwar lehnt man weiterhin den Innungsgedanken ab, jedoch soll der Börsenverein nun die Funktion einer Kontrollinstanz übernehmen, die in der Lage ist, den Wettbewerb zu reglementieren.

Doch zur Durchsetzung eines solchen Reglements bedarf es der Mitgliedschaft der überwiegenden Mehrheit aller Sortimentsbuchhandlungen, die zu diesem Zeitpunkt noch nicht besteht. So bleibt der Vorstandsentwurf von 1879, der das spätere Selbstverständnis des Börsenvereins zwar schon vorwegnimmt, zunächst aus Gründen einer fehlenden Basislegitimation über lange Jahre lediglich Diskussionsthema. Die geplante Statutenänderung stößt intern auf vehementen Widerstand. Zum einen fürchten die „Provincial- und Lokalvereine" um die Autonomie ihrer Entscheidungsbefugnisse, zum anderen fordern zahlreiche Verleger, man möge zwischen den Dumpingpreisen professioneller Schleuderer und der von ihnen praktizierten Rabattpraxis an Endabnehmer unterscheiden. Denn die Verleger der großen Verlagsstädte wie Berlin oder Leipzig vermögen es ohne große Umstände, auch dem Direktkunden durch Preisnachlässe den Standortvorteil anteilig zu vergüten. Doch sehen sich im Gegenzug die Sortimenter strukturschwacher Gebiete durch das Versandgeschäft der städtischen Buchhändler bedroht. Erst nach einem zehnjährigen Ringen einigen sich die Delegierten im September 1887 auf die neue Satzung und besiegeln damit die nationale Preisbindung in Deutschland. Nach einem kurzen juristischen Nachspiel tritt sie zur Ostermesse des darauffolgenden Jahres in Kraft und wird in der ersten Verkehrsordnung des Börsenvereins festgeschrieben. Bei Verstößen droht den Betroffenen der Ausschluß aus dem Börsenverein und damit zugleich der Ausschluß vom Handel mit seinen Mitgliedsfirmen.

Das Preiskartell macht sich vor allem im wissenschaftlichen Buchhandel negativ bemerkbar. Die effektive Verteuerung der Bücher durch den Ausfall der Kundenrabatte ab 1902 führt schließlich dazu, daß sich an der Leipziger Universität ein „Akademischer Schutzverein" als wissenschaftliche Interessenvertretung gegen den Buchhandel gründet. In dessen Auftrag verfaßt der Nationalökonom und Professor Karl Bücher eine weitbeachtete Denkschrift, in der er vorrechnet, daß der Börsenverein seinem Kulturauftrag nicht mehr gerecht werde und seine Aufgaben im „Wirtschaftsleben unseres Volkes nur ungenügend, und auch dies nicht in der billigsten, sondern in der denkbar teuersten Weise" erfülle (Bücher 1903, 231). Obgleich Bücher auf die Unzufriedenheit einiger Buchhändler mit der Preisbindung gesetzt hatte, hält die Phalanx des Buchhandels dieser ersten Belastungsprobe stand. Die Angriffe von außen verstärken vielmehr den internen Zusammenhalt der Buchhändler. Als sie während der Weltwirtschaftskrise 1931 durch eine Notverordnung vor die Wahl gestellt werden, alle Buchpreise pauschal um zehn Prozent zu senken oder auf die Preisbindung zu verzichten, entscheiden sie sich für die Preisreduktion. Als Erfolg der Intervention Büchers ist aber zumindest zu werten, daß den notorisch leeren Kassen der Universitätsbibliotheken fortan ein einheitlicher Bibliotheksnachlaß zugestanden wird.

Das Nachgeben des Buchhandels auf den ‚Bücher-Streit' hat mithin seine Ursache in der besonderen Abhängigkeit vom Staat und seinem Interesse an günstigen Bezugsmöglichkeiten für seine Bibliotheken, um die Staatsausgaben niedrig zu halten. Bei zu hohen Buchpreisen findet die Politik Mittel und Wege, sich diese Vorteile selbst zu verschaffen. Schon 1825 hatte Preußen verfügt, daß jeder Verlag je ein Pflichtexemplar an die Staats- und an die nächstgelegene Universitätsbibliothek zu versenden habe, und zwar unabhängig von dem zusätzlich zu entrichtenden Exemplar an den Zensor (vgl. Kochendörfer 1901). Während mit der Aufhebung der Zensur dieses eine Exemplar entfiel, blieben aber die Bibliotheksabgaben bestehen. Diese in späteren Gesetzen bestätigte Regelung galt auch nachträglich bei Firmenzukäufen aus einer anderen Provinz. Die Verleger mußten rückwirkend von allen Titeln des neuerworbenen Verlags Pflichtexemplare an die lokalen Bibliotheken abliefern, was sich durchaus auf stattliche Beträge summieren konnte. Es mag deshalb, neben dem kulturfördernden Aspekt, ein nicht ganz uneigennütziges Interesse der Verlage gewesen sein, warum sie ein besonderes Engagement bei der Gründung der ersten gesamtdeutschen Nationalbibliothek, der Deutschen Bücherei, 1912 in Leipzig zeigen, war doch damit ein einheitlicher Adressat für Pflichtexemplare geschaffen.

Die Versuche der Gesellschaft, die Preisbindung der Buchhändler zu unterlaufen, reißen auch nach Beilegung des ‚Bücher-Streits' nicht ab. Vereine und Verbände betätigen sich in zunehmendem Maße selbst als Buchhändler und schütten die erzielten Gewinne direkt oder indirekt (über geldwerte Vereinsleistungen) an die Mitglieder aus. Buchabteilungen in Kaufhäusern, Leihbuchhandel und Buchgemeinschaften machen dem traditionellen Buchhandel seinen

Rang streitig und führen den Börsenverein in eine Strukturkrise, da die einheitliche Verbandspolitik und die universellen Konditionskartelle immer weniger den divergierenden Problemen der verschiedenen Segmente des Buchmarktes gerecht werden können. Zu einem Ausweg führt nach zehnjährigem Ringen 1928 eine Neuorganisation des Börsenvereins, bei der wesentliche Entscheidungsbefugnisse für eine auf das jeweilige Marktsegment angepaßten Verkehrs- und Verkaufsordnung auf entsprechende Fachausschüsse übertragen werden.

Nach der Machtergreifung der Nationalsozialisten übernehmen gesinnungstreue Buchhändler die Führung im Börsenverein, der nach der Reichskulturkammer-Gesetzgebung im September 1933 zunächst der Reichsschrifttumskammer (RSK) angegliedert wird. Da zum Börsenverein auch ausländische Firmen gehören, ist die ideologische Gleichschaltung der Mitglieder aber nicht durchsetzbar. Man stellt dem Börsenverein daher einen „Bund Reichsdeutscher Buchhändler" zur Seite, dessen Mitgliedschaft zur Berufsausübung für deutsche Verleger zur Voraussetzung ihrer Berufstätigkeit wird, und der vor allem die kulturellen Aufgaben des Börsenvereins übernehmen soll, während man den Börsenverein als reine Handelskammer aus der RSK wieder ausgliedert. Dennoch bleiben beide Verbände nur formaljuristisch eigenständige Einheiten, übt doch der Leiter des Bundes zugleich das Amt des Vorstehers des Börsenvereins aus. Vor allem das Börsenblatt stellt sich in den Dienst der nationalsozialistischen Ideologie und listet regelmäßig verbotene Literatur auf. Die Zwangsarisierung vieler jüdischer Verlage, aber auch der Gang ins Exil, führen zu einer Umstrukturierung der Besitzverhältnisse im deutschen Buchhandel. Nur wenige Buchhändler üben direkten Widerstand aus dem Untergrund, jedoch darf man die vielfältigen Versuche passiven Widerstands nicht geringschätzen. Mit Beginn des Zweiten Weltkriegs und der damit verbundenen Rohstoffknappheit bringt die Papierkontingentierung den meisten verbliebenen eigenständigen Verlagen das Aus. Die Reichsschrifttumskammer versendet serienweise standardisierte Vordrucke mit Schließungsverfügungen über Verlage. Die Zerstörung der Infrastruktur durch die Luftangriffe trägt das ihre dazu bei, daß das Verlagswesen zum Ende des Kriegs vollkommen zum Erliegen gekommen ist. D.W.

4.3.5. Von der Nachkriegszeit bis zur Gegenwart

Unmittelbar nach der Kapitulation erlassen die Alliierten ein vollständiges Publikations- und Vervielfältigungsverbot, um jegliche subversive Fortführung der Verbreitung von Schriften mit nationalsozialistischem Inhalt von vornherein zu unterbinden. Politisch unbelasteten Verlegern werden nach und nach Zulassungslizenzen erteilt. Die Polarisierung Deutschlands in zwei gegensätzliche politische Systeme führt zu einer unterschiedlichen Restrukturierung des Buchhandels. Bevor Leipzig kurz nach Kriegsende der sowjetischen Besatzungszone übertragen wird, übersiedeln bedeutende Verleger und Kommissionäre auf

Geschichte der Organisationsformen des deutschen Buchhandels 79

Geheiß der Amerikaner rechtzeitig in die amerikanische Zone. Damit ist das Ende Leipzigs als Zentrum der buchhändlerischen Distribution in Deutschland besiegelt, obgleich die spätere DDR bemüht ist, den alten Anspruch zumindest im eigenen Land aufrechtzuerhalten. Traditionsreiche Verlage wie Reclam oder Kiepenheuer werden trotz Übersiedlung der Besitzer von der DDR weitergeführt (Parallelverlage). Doch bleiben von den einst mehr als 430 Leipziger Verlagen der Vorkriegszeit kaum mehr als vierzig übrig, die als volkseigene Betriebe direkt einer staatlicher Führung unterstanden – sieht man einmal von ganz wenigen, zumeist kirchlichen Verlagen in privatem Besitz ab, die nur mit großer Mühe ihre Eigenständigkeit wahren konnten. Der gesamte Buchhandel ist den Vorgaben der Planwirtschaft unterworfen und leidet, wie fast alle Produktionsbereiche, an der Rohstoffknappheit, insbesondere am Papiermangel. Das hat zur Folge, daß zwar die ehrgeizigen Planziele erreicht werden und die Zahl der Neuerscheinungen in der DDR beständig steigt, allerdings mit immer kleiner werdenden Auflagen je Titel. Der Zwischenbuchhandel entfällt weitgehend. Zur Distribution aller Verlagserzeugnisse der DDR reicht die Kapazität des „Leipziger Kommissions- und Großbuchhandel" als einzigem Kommissionär aus. Börsenverein, Börsenblatt und Buchmesse werden als nunmehr staatlich gelenkte Institutionen beibehalten und weitergeführt.

In den westlichen Besatzungszonen und der späteren Bundesrepublik beginnt der eigentliche Neuanfang des Buchhandels erst nach der Währungsreform 1948 und der Aufhebung der Papierkontingentierung und des Lizensierungszwangs. In der Zeit davor hält sich die Buchproduktion mangels Ressourcen auf einem niedrigen Niveau, doch auch in den ersten Jahren der Bundesrepublik ist die Kaufkraft der Bevölkerung noch nicht ausreichend, um eine Expansion des Buchmarktes zuzulassen. Aus der Not heraus wird das Taschenbuch mit seiner Klebebindung als preiswerte Alternative zum gebundenen Buch entwickelt, die sich im Laufe der fünfziger Jahre im Buchhandel vollständig etabliert. Eine andere Strategie greift die aus den zwanziger Jahren bekannte Idee des Buchclubs wieder auf, am erfolgreichsten praktiziert von dem 1950 gegründeten „Bertelsmann Lesering". Hier werden die Buchkäufe vieler Mitglieder auf wenige Titel gebündelt und durch den so geschaffenen kalkulierbaren Absatz günstigere Großauflagen als Sonderausgaben produziert, die aber nur für die Mitglieder erhältlich sind. Für den Bertelsmann Verlag ist der Buchclub der Beginn seiner Konzernbildung. Man möchte mit dem durch Zukauf von Verlagen nicht nur die Lizenzgebühren sparen, sondern vor allem auch die Boykotthaltung vieler Verlage bei der Lizenzvergabe durchbrechen, die in den Buchclubs lange Zeit direkte Konkurrenten sehen.

Anders als in der Sowjetischen Besatzungszone vollzieht sich die Restrukturierung der Buchhandelsverbände in den westlichen Besatzungszonen schwerfälliger. Die Westdependance des Börsenvereins, die man zunächst in Wiesbaden gründen will, wird wegen der Rolle des Börsenvereins im Nationalsozialismus, aber auch wegen seiner kartellähnlichen Verbindungen, verboten und eine Neugründung abgelehnt. Der Buchhandel organisierte sich daher zunächst nur innerhalb der Zonengrenzen. Das „Börsenblatt für den Deutschen Buchhandel" indes darf in einer westdeutschen Ausgabe bereits Ende 1945 wieder erscheinen. 1946 wird mit Hilfe der Buchhandelsverbände auch der Grundstein für eine zweite Nationalbibliothek, die „Deutsche Bibliothek", in Frankfurt gelegt, die fortan parallel zur Leipziger „Deutschen Bücherei" geführt wird. Auch die Buchmesse wird drei Jahre später als weiteres westliches Pendant in Frankfurt neu gegründet und entwickelt sich im Laufe der Jahrzehnte zur Weltmesse. 1948 dürfen sich die Verbände der amerikanischen und englischen Zone als „Börsenverein Deutscher Verleger- und Buchhändlerverbände" zusammenschließen und nehmen ihren Sitz ebenfalls in Frankfurt. Auch nach dem Beitritt der französischen Zone und der Wiedererlangung der Staatssouveränität Deutschlands dauert es noch bis 1955, ehe sich der Börsenverein als „Börsenverein des Deutschen Buchhandels" in seiner traditionellen Form, d. h. auf der Basis von Einzelmitgliedschaften, neu konstituiert. Zu Problemen führt vor allem das Bestreben, auch die Wettbewerbsregeln und die Verkehrsordnung in alter Form wiederherzustellen. Bis zum Inkrafttreten einer eigenen Kartellgesetzgebung 1958 untersteht die Bundesrepublik weiterhin kommissarisch den U.S.-Behörden, die eine derartige Machtkonzentration in der Hand eines Branchenverbandes nicht tolerieren. Immerhin kann der Börsenverein bereits 1953 eine Ausnahmegenehmigung für die Preisbindung erreichen, allerdings darf die Bindung nun nicht mehr horizontal, auf der Ebene der Vereinsmitgliedschaft erfolgen, sondern ist an privatrechtliche Einzelverträge zwischen den Handelsstufen (vertikale Preisbindung) gebunden (siehe hierzu speziell 5.2.). Der Verwaltungsaufwand, der mit dieser Regelung verbunden ist, führt 1965/66 zur Einführung des sogenannten Sammelrevers, mit dem sich die Sortimenter durch eine einmalige Willenserklärung zur Einhaltung der gebundenen Preise der am Revers beteiligten Verlage verpflichten. Nach Inkrafttreten des ersten autonomen bundesdeutschen Kartellgesetzes („Gesetz gegen Wettbewerbsbeschränkungen") 1958 folgt auch das Bundeskartellamt weitgehend der amerikanischen Strenge. Weder Verkehrsordnung noch Wettbewerbsregeln haben trotz erheblicher Bemühungen des Börsenvereins einen rechtsverbindlichen Charakter erlangt und sind lediglich Empfehlungen geblieben.

Seit den fünfziger Jahren steigt die jährliche Titelproduktion deutscher Verlage kontinuierlich an. Doch die literarische Vielfalt, die als Begründung der Preisbindungslegitimation herangezogen wird, verstärkt die Konkurrenz auf dem Buchmarkt zusehends. Immer schwieriger wird es gerade für mittelständische Verlage, ihre Neuerscheinungen erfolgreich im Markt zu positionieren. Als Folge daraus ist schon seit den sechziger Jahren eine Konzentration vieler traditioneller Verlage unter die schützende Kapitaldecke einiger weniger Großkonzerne (z.B. Holtzbrinck, Bertelsmann, Weltbild) zu beobachten. Diese beschränken sich aber nicht nur auf das Buchgeschäft, sondern versuchen auch die zugehörigen vertikalen Produktions- und Handelsstufen (Druckereien, Buchhandelsketten etc.) in den eigenen Firmenkomplex zu integrieren. Damit erreichen sie eine große Autarkie gegenüber dem allgemeinen Buchmarkt. D.W.

4.3.6. Multimedialer Umbruch im Buchhandel

Die verschiedenen Formen elektronischen Publizierens, die mit der gegenwärtigen und zukünftigen Technik möglich sind, brechen die traditionellen Funktionsbereiche der klassischen Buch-Institutionen auf. Seitdem etwa von 1992 an die Computertechnik in Leistung und Preis einen Stand erreicht hat, mit dem multimediale Anwendungen und der Zugang zum Internet für einen durchschnittlichen Haushalt finanzierbar werden, befindet sich der Markt der Massenmedien in einem fundamentalen Umbruch, dessen mittelfristige Formen noch nicht abzusehen sind. Denn sobald Text-, Bild- oder Tondokumente digital aufbereitet und in einer Datenbank archiviert sind, können sie unter Vermeidung redundanter Produktionsprozesse zu ganz unterschiedlichen Publikationen auf verschiedenen Trägermedien verarbeitet werden (Cross-media-publishing, Database-publishing). Sie lassen sich
- a) über Printing-on-Demand (PoD) erst auf Anfrage und ggf. sogar personalisiert herstellen, d.h. sie werden individuell auf die Wünsche des Bestellers zugeschnitten;
- b) auf materielle Datenträger (CD-ROM oder DVD) bringen;
- c) im World Wide Web auf einer Webpage kostenlos publizieren oder als eBooks (kostenpflichtige und kopiergeschützte Dateien, die sich nur auf bestimmten Lesegeräten oder einer besonderen Darstellungssoftware darstellen lassen) online über das Internet vertreiben oder sie lassen sich
- d) weiterhin als traditionelle Printmedien drucken.

Sieht man einmal vom letzten Punkt ab, verlagert sich die Aufgabe eines Verlags zunehmend von der Vorfinanzierung und Produktion der Trägermedien hin zu einer Vermarktung der Inhalte (Content-Provider). Die Produktion wird an sogenannte Information Technology (IT-)Provider abgegeben. Nicht mehr Ausstattung und Umfang des Buchs bestimmen den Preis, sondern der Wert des Inhalts. In dieser neuen Rolle geraten Buchverlage in Konkurrenz zu anderen Content-Providern wie Rundfunkanstalten, Agenturen und Softwarehäusern. Vor allem aber verschwimmt die Identität dieser Sparten, die bislang durch ein spezifisches materielles Trägermedium definiert und dabei eindeutig voneinander abgegrenzt worden waren. Ein Verlag veröffentlichte Bücher, ein Rundfunksender sendete an Radioapparate, Softwarehersteller lieferten Disketten und Agenturen waren lediglich Zulieferer (Content-Producer), die nicht selbst publizierten. Auf digitaler Ebene kann nun aber jeder Marktteilnehmer Elemente aller Sparten beliebig integrieren. Es verwundert nicht, daß Konzerne, die sich ursprünglich aus Buchverlagen gebildet haben, durch Zukauf von Fernseh-, Rundfunk- und Softwarehäusern eine Wandlung zu *Medienkonzernen* vollziehen und vice versa Konzerne aus dem TV- oder Pressebereich entsprechend an Zukäufen von Buchverlagen interessiert sind, um die jeweils fehlenden Kompetenzbereiche zu ergänzen.

Während Offline-Medien wie die CD-ROM dank ihres materiellen Korrelats noch über die klassischen Vertriebsschienen des Zwischen- und Sortimentsbuchhandels vertrieben werden können, umgehen Online-Medien diese Handelswege vollkommen. Verlage können ihre Publikationen direkt über das Netz vermarkten. Damit entfallen zunehmend auch die gewöhnlichen Grundlagen zur Preisbildung, die sich am Wert des Trägermediums (Ausstattung, Umfang) und an den verschiedenen Handelsstufen festmachen, die im festen Ladenpreis anteilsmäßig berücksichtigt werden müssen. Im Augenblick bildet sich im eBook-Bereich die Tendenz, die Textsoftware nicht direkt vom Verlag zu vertreiben, sondern durch spezielle eBook-Handlungen (Content-Merchandiser; z. B. *ciando.com*). Die Dateien werden verschlüsselt und sind nur für einen registrierten Benutzer gegen Entgelt lesbar. Als neue Vertriebsform kommt hinzu, daß sich nun auch einzelne Kapitel eines eBooks kaufen lassen. Die Frage um die Zukunft des klassischen, an das materielle Buch gekoppelten Buchhandels, läßt sich derzeit auf seriöse Weise nicht beantworten. Viel hängt noch vom technischen Fortschritt und der Mediensozialisation zukünftiger Generationen ab.

Entscheidende Veränderung vollziehen sich bereits seit den achtziger Jahren im Bereich des wissenschaftlichen Buchhandels. Das Publikationsvolumen der Wissenschaft verdoppelt sich schätzungsweise alle 15 Jahre, wobei die ‚Halbwertszeit' der einzelnen Publikationen hinsichtlich ihrer Relevanz für den wissenschaftlichen Fortschritt durchschnittlich je nach Disziplin zwischen fünf Monaten und fünf Jahren liegt (vgl. Umstätter/Rehm/Dorogi 1982). Besonders rapide vollzieht sich diese Entwicklung in den Naturwissenschaften (scientific, technical, medical publishing: STM), in denen der Informationsgehalt einer Publikation wesentlich schneller veraltet als in den Geisteswissenschaften. Schon aufgrund ihrer streng formalistischen Struktur bieten sich hier standardisierte, kürzere Publikationsformen an, bei denen Monographien im buchtypischen Umfang kaum noch eine Rolle spielen und statt dessen Aufsätze in Fachzeitschriften oder auch nur Tagungspapiere dominieren. Nicht zuletzt die zunehmende Spezialisierung der einzelnen Fachbereiche und damit die Eingrenzung wissenschaftlicher Informationen auf einen sehr kleinen, dafür aber weltweit verstreuten Empfängerkreis, macht hier eine Print-Publikation in hochwertiger Ausstattung unrentabel und ersetzt sie durch digitale Medien. So verlagert sich die Rolle der wissenschaftlichen Verlage (heute weltweit durch Konzentrationsprozesse zu wenigen ‚Global Players' fusioniert) mehr in Richtung von Informations-Brokern. D.W.

5. Buchmarkt und Buchmarketing

Dieses Kapitel beschreibt den augenblicklichen Status Quo des Buchhandels in Deutschland und gibt einen Überblick über Organisationsformen, Markt, Marktteilnehmer und das spezifische Buchmarketing. Bemerkenswert ist dabei, daß auf der einen Seite eine große Homogenität in den Organisations- und Verbandsstrukturen des Buchhandels herrscht, andererseits der Buchmarkt selbst ein sehr heterogenes Feld ist, das ganz unterschiedliche Anforderungen an Management und Marketing stellt.   D.W.

5.1. Buchmarkt

Der klassische Buchmarkt läßt sich in Abgrenzung zum Antiquariatsbuch- oder Musikalienhandel in folgende Grundsegmente klassifizieren:
Consumer Markt
Ungeachtet einer kulturellen Überhöhung des Buchs wird ein Großteil der Buchproduktion für einen Markt konzipiert, der sich von dem anderer Konsumartikel des täglichen Bedarfs nicht unterscheidet. Hierzu gehören Sach-, Fach-, Geschenk- und Reisebücher sowie Bildbände und Lexika. Ihr Themenschwerpunkt liegt auf allgemeiner Lebenshilfe, Informationen zu Fragen der Zeit, Trends und Lifestyle. Grundsätzlich sind die Titel alle substituierbar und können von Mitbewerbern durch ‚Me-too' Produkte (Produkte mit identischem Nutzen) kopiert werden. Die Titel stehen somit in einem direkten Wettbewerb von Qualität und Preis. Der Produktlebenszyklus ist in der Regel sehr kurz, bei Themen mit längerfristiger Aktualität werden ältere Ausgaben häufiger durch aktualisierte Ausgaben ersetzt. Co-Branding (*branding:* Aufbau einer Marke) mit anderen Marken (z.B. ein ‚Maggi-Kochbuch') ist ebenso üblich wie die Personalisierung auf Prominente. Dieser Markt umfaßt quantitativ den größten Bereich der Buchproduktion. Neben den üblicherweise preisgebundenen Titeln spielt in diesem Segment auch das sogenannte ‚Moderne Antiquariat' eine wachsende Rolle. Ursprünglich ist dies eine Bezeichnung für Restposten und Mängelexemplare, die in separaten Abteilungen der Buchhandlungen ‚verramscht' werden, doch werden heute immer häufiger Billigbücher ohne Preisbindung ausschließlich für das Moderne Antiquariat produziert.

Literarischer Markt
Dieses Segment umfaßt Bücher der unterhaltenden Literatur, die eine geringe Substitutionselastizität aufweisen, da ihr Wert in der Regel von der spezifischen literarischen Ausdrucksform eines Autors abhängt. Allerdings können auch hier bestimmte Trends oder Stile kopiert werden. Im Bestsellergeschäft tendiert das Marktsegment eher zum Consumer-Markt, wobei über Autorennamen ein Branding erreicht werden kann. Ein zweites Marktsegment bedient ein intellektuelles Publikum mit Literatur gehobenen Niveaus. Sieht man einmal von den Longsellern des Bildungskanons ab, wirft dieses Segment keine großen Gewinnmargen ab.

Wissenschaftlicher Buchmarkt
Hier zeichnet sich der Markt durch eine sehr hohe Anzahl verschiedener Titel mit vergleichsweise geringen Auflagen aus. Verlage und Sortimente erfüllen traditionell eher Dienstleistungsfunktionen für die Wissenschaft. Werbung und Lektorat treten in den Hintergrund, da diese Funktionen von den akademischen Institutionen in der Regel selbst übernommen werden. Auf dem wissenschaftlichen Markt spielen auch Periodika für den herstellenden und verbreitenden Buchhandel eine tragende Rolle (Journals, Fortsetzungsbezug). Der Markt reicht zudem über Landes- und Sprachgrenzen hinaus. Durch die zunehmende Digitalisierung wissenschaftlicher Publikationen spezialisieren sich die Verlagskonzerne zunehmend darauf, als ‚Informations-Broker' wissenschaftliche Ergebnisse in Datenbanken aufzubereiten und recherchierbar zu machen. Der wissenschaftliche Sortimentsbuchhandel lebt weniger von der Laufkundschaft als von festen Kundenbeziehungen zu Instituten und Bibliotheken.

Schulbuchmarkt
Der Schulbuchhandel basiert auf der staatlich garantierten Lehrmittelfreiheit. Die Verlage werben um die Zulassung ihrer Produkte für den Unterricht und damit um garantierte Abnahmemengen durch die Schulen. Zusätzlich wird der Markt durch Begleitbücher auch auf den Endkunden ausgeweitet. Für das Sortiment ist der Schulbuchhandel vor allem ein saisonales Geschäft. Zudem ist er, wie beim wissenschaftlichen Buchhandel, auf Kundenbeziehungen zu Schulen angewiesen.

Allen Prognosen vom Ende des Buchzeitalters zum Trotz steigt die Titelvielfalt seit Kriegsende in kontinuierlichen Zuwachsraten an. Von rund 15 000 Neuerscheinungen im Jahr 1953 ist die Zahl der jährlich in Deutschland publizierten Novitäten inzwischen auf über 80 000 gestiegen (Erst- und Neuauflage, Quelle: Buch und Buchhandel in Zahlen 1954ff.), das entspricht einem durchschnittlichen Wachstum von 3,6 Prozent jährlich. Der Anteil der Belletristik hat etwa bei 8 000 Neuerscheinungen (nur Erstauflage) eine mittlere Sättigungsgrenze erreicht, wobei die tatsächlichen Zahlen diesen Meridian in periodischen Schwankungen um 3 000 Titel über- oder unterschreiten. Im Verhältnis zur Gesamtzahl der Neuerscheinungen macht der Anteil der Belletristik zunehmend weniger aus. Rund neunzig Prozent der Titel, mit denen der Buchhandel konfrontiert ist, enthalten nonfiktionale Texte. Die meisten Neuerscheinungen sind hier im Bereich Wissenschaft, Technik und Sachbuch zu verzeichnen. Ein Effekt, der einerseits darauf zurückzuführen ist, daß sich das lexikalische Wissen alle zehn Jahre verdoppelt, aber auch darauf, daß auf dem Medienmarkt allgemein eine „Fragmentierung des Konsums" in Special-Interest-Themen zu beobachten ist (vgl. Aris/Viszjak 2000, 304).

Allerdings kann von der stark wachsenden Titelvielfalt nicht automatisch auf einen ebenso wachsenden Buchmarkt geschlossen werden. Leider fehlen exakte Statistiken, die Aufschluß über die Auflagenhöhe geben, so wie generell anzumerken ist, daß das öffentliche Zahlenmaterial des Buchhandels für tiefer gehende Vergleichsrechnungen keine allzu verläßlichen Größen darstellen. Doch muß man davon ausgehen, daß eine Titelproduktion dieser Art nur in dem Maße zunehmen kann, wie sie vom Markt finanzierbar ist. Auch die jährliche Zunahme der Buchhandelsumsätze, die mit wenigen Ausnahmen über der Teuerungsrate liegen, spricht für diese These. Grundsätzlich läßt sich sagen, daß sich Auflagenhöhe und Anzahl der Neuerscheinungen von wissenschaftlichen Büchern umgekehrt proportional zu denen von belletristischer oder Sachliteratur verhalten. So machen wissenschaftliche Titel rund sechzig Prozent der Neuerscheinungen aus, aber nur rund sechs Prozent der Gesamtproduktion. Belletristik und Sachbücher indes sind die Massenartikel des Buchmarktes und beanspruchen rund vierzig Prozent der Gesamtproduktion. Nicht unerheblichen Anteil an der Menge der hergestellten Bücher haben Adreßbücher (zwanzig Prozent), die man gewöhnlich nicht zum Handelsgegenstand der traditionellen Sortimente zählt. Rechnet man diese Größe heraus, ergibt sich für Belletristik und Sachbuch sogar ein Anteil von fünfzig Prozent.

Eine andere aussagefähige Größe ist die Zahl der lieferbaren Titel. Seit Einführung des „Verzeichnis lieferbarer Bücher" (VLB) 1971 ist die Zahl der über den Buchhandel beziehbaren Titel (nicht antiquarisch) von rund 240 000 auf inzwischen rund 925 000 gestiegen. Allerdings enthält diese Zahl heute auch Nonbooks wie Kalender, CD-ROMs, Videos etc. als ‚Bücher' gelistet, sofern sie mit einer ISBN ausgestattet wurden. Eine scharfe Abgrenzung ist daher nicht möglich. Hinzu kommen seit kurzem Titel, die im ‚Printing on demand'-Verfahren hergestellt werden und nicht physisch existent auf Lager liegen, deren Wachstum also kaum noch an Kapitalinvestitionen gebunden ist und vom Markt fast nicht mehr gegenfinanziert werden muß. Da das VLB weiterhin auf die freiwillige Registrierung neuer und die Abmeldung vergriffener Titel durch die entsprechenden Verlage angewiesen ist, kann man zusätzlich von einer relativ hohen Dunkelziffer lieferbarer Bücher ausgehen, die von Selbstverlagen oder Organisationen herausgegeben werden. Allerdings dürften diese Titel keinen nennenswerten Einfluß auf den traditionellen Buchmarkt haben, so daß man sie unter ökonomischen Aspekten vernachlässigen kann.

Bedenkt man, daß selbst eine gut sortierte Buchhandlung in einer Großstadt ‚nur' rund fünfzig bis siebzig Tausend Titel auf Lager hat und die Tendenz besteht, diese Zahl zugunsten einer Frontalpräsentation der Bücher (Auslage mit dem Buchumschlag nach vorne) eher zu reduzieren, wird schnell begreiflich, daß sich die Schere zwischen jenen Titeln, die öffentlich in Ladengeschäften werbewirksam präsentiert werden und jenen, die lediglich über Kataloge recherchierbar bleiben, immer weiter öffnet. Die Auswahl, die der Sortimenter aus den Neuerscheinungen zu treffen hat, orientiert sich immer stärker an der schnellen Verkäuflichkeit der Titel, die sich vor allem daran festmacht, inwieweit ein Titel über die Massenmedien beworben oder empfohlen wird. Medienkonzerne, die über Buch- und Presseverlage verfügen, haben hier einen bedeutenden Wettbewerbsvorteil, können sie doch die Produkte ihrer Buchverlage besonders kostengünstig in eigenen Zeitschriften und Zeitungen werbewirksam plazieren. Letztendlich führt diese Entwicklung dazu, daß sich das Angebot der Buchhandlungen zunehmend angleicht und sich im Hauptgeschäft auf Titel von immer wenigeren, meist konzerngebundenen Verlagen konzentriert.

Noch schneller drehend (*drehen:* Austausch des Lagerbestands) ist das Buchgeschäft auf dem Taschenbuchmarkt, wo die Neuerscheinungen überwiegend monatlich auf den Markt gebracht werden und sich wegen der niedrigen Preise schneller verkaufen. Rund 680 Taschenbuchtitel von ausgewiesenen Taschenbuchverlagen erschienen im Jahr 2000 in 193 Reihen Monat für Monat neu (errechnet nach der Liste der Taschenbuchverlage im Buchreport). Traditionell handelt es sich bei Taschenbuchtiteln um Zweitverwertungen von bereits existierenden Hardcover-Ausgaben, die es dem Buchhändler einfach machten, sich beim Einkauf am Erfolg der gebundenen Ausgabe zu orientieren. Da der Taschenbuchmarkt aber zu einem der umsatzstärksten Segmente des Sortimentsbuchhandels gehört, wird inzwischen ein Großteil der Titel direkt als Taschenbuch verlegt und damit der Einkauf für den Sortimenter erschwert, der sich traditionell am Erfolg der Hardcoverausgabe orientiert hat. Die tendenzielle Kurzlebigkeit und Trendabhängigkeit vieler Taschenbücher zwingt den Buchhändler zunehmend zu einem verhalteneren Einkauf. Zur Milderung des Risikos für den Sortimenter ist im Taschenbuchbereich das Umtauschrecht übliche Praxis, d. h. die Rückgabe nicht verkaufter Exemplare gegen Neuerscheinungen.

Zusammenfassend läßt sich die gegenwärtige Situation auf dem Buchmarkt dahingehend beschreiben, daß die expansive Entwicklung der Titelproduktion inzwischen ein Maß erreicht hat, das vom Buchhandel kaum noch zu finanzieren ist und zugleich eine verhängnisvolle Eigendynamik anstößt. Denn wollen die Verlage ihre Produktion in einem wachsenden und zugleich immer spezialisierteren Angebot plazieren, müssen sie sich dem Wachstumstrend ihres Marktsegmentes auch mit ihrem eigenen Verlagsprogramm quantitativ anpassen oder einzelne Titel mit immensem Werbeaufwand nach oben ‚pushen'. Mittelständische Unternehmen, die mehrere ‚flops' nicht aus eigener Kraft finanzieren können, zwingt dieser Umstand mittel- bis langfristig unter die Kapitaldecke eines Konzerns. Augenblicklich lassen sich allerdings immer mehr Verlagshäuser von Unternehmensberatungen umstrukturieren, die auf die Überproduktion reagieren und Verlagsprogramme auf angestammte Kernkompetenzen reduzieren. D.W.

5.2. Buchhandelsorganisationen

Im folgenden wird ein kurzer Überblick über die straffe Organisation des Buchhandels auf regionaler, nationaler und internationaler Ebene gegeben, wobei es der beschränkte Umfang nicht zuläßt, alle Aktivitäten der Verbände zu berücksichtigen; deshalb werden vor allem die wirtschaftlich relevanten Funktionen hervorgehoben.

Börsenverein des Deutschen Buchhandels e.V.
URL: http://www.boersenverein.de; Sitz: Frankfurt am Main. Im Gegensatz zu anderen Branchen sind im Börsenverein alle Handelsstufen unter einem Dach organisiert. Dieser Zentralismus verleiht dem Verband einen großen Einflußbereich nach innen und außen. Zum einen sieht der Börsenverein seine Aufgabe auch heute in der Überwachung der handelspolitischen Rahmenbedingungen, um auf diese Weise die Wettbewerbschancen für alle Mitglieder zu sichern. Diesem solidarischen Ansinnen steht entgegen, daß sich sein kartellähnlicher Einfluß gegen progressive Strukturveränderungen hemmend auswirkt und den Buchhandel an konservative Werte bindet. Zum anderen sieht sich der Börsenverein als Dienstleister, der – ähnlich einer Genossenschaft – zahlreiche Serviceeinrichtungen unterhält, die von allen Mitgliedern kostenlos oder zum Selbstkostenpreis genutzt werden können. Da der übliche Geschäftsverkehr überwiegend auf diese Einrichtungen zurückgreift, wird die Mitgliedschaft für professionelle Buchhandlungen und Verlage beinahe obligatorisch, was den Zusammenhalt des Verbands nachhaltig sichert. Derzeit sind rund 7000 Einzelfirmen als Mitglieder registriert, davon gehören etwa 4800 zum vertreibenden Buchhandel, 2000 zum herstellenden Buchhandel; der verbleibende Rest sind Mitglieder des Zwischenbuchhandels und freie Verlagsvertreter.

Die angebotenen Dienstleistungen umfassen ein weites Spektrum, das von der Unterstützung für Unternehmensgründer, Weiterbildung, Werbemittel-Service bis hin zu Ferienhäusern und einem Sozialwerk zur Unterstützung für in Not geratene Kollegen reicht. Einige kapitalintensive Einrichtungen mit unternehmerischem Charakter hat der Börsenverein als privatwirtschaftliche Gesellschaften aus der Vereinsstruktur ausgegliedert. Dazu gehört die „Ausstellungs- und Messe GmbH", die mit der Organisation der Frankfurter Buchmesse und von Gemeinschaftsständen deutscher Verlage auf ausländischen Messen betraut ist. Die „Buchhändler-Vereinigung GmbH" ist der hauseigene Verlag, der vor allem

für die Herausgabe des „Börsenblatts für den Deutschen Buchhandel", dem „Verzeichnis lieferbarer Bücher" und dem „Adreßbuch für den deutschsprachigen Buchhandel" zuständig ist, aber auch firmenübergreifende Werbe- und Marketingmaßnahmen organisiert (z. B. die Kundenzeitschrift „BuchJournal"). Einkaufsgemeinschaften für Energie, Telekommunikation, Versicherung, Banken, Kraftfahrzeuge und Ladenkassen werden von der „Buchhändler-Service-Gesellschaft mbH" angeboten. Die „Buchhändler-Abrechnungs-Gesellschaft mbH" (BAG) fungiert als zentrale Clearing-Stelle für den buchhändlerischen Zahlungsverkehr. Ähnlich einer Kreditkarte ‚bezahlen' die angeschlossenen Buchhandlungen bei den Verlagen über ihre sogenannte Verkehrsnummer. Die so getätigten Einkäufe werden der Buchhandlung von der BAG zweimal im Monat in Rechnung gestellt und abgebucht. Umgekehrt erhalten die Verlage eine gebündelte Zahlung aller fälligen Rechnungen, die von den verschiedenen Buchhandlungen eingezogen wurden. Damit entfällt ein Großteil des Aufwands für die Debitorenbuchhaltung der Verlage, und die Sortimente ersparen sich einen entsprechenden Verwaltungsaufwand. In Analogie zu der einstigen Leipziger Bestellanstalt bietet die BAG heute den „Informationsverbund Buchhandel" (IBU) an, der als zentrale Adresse zum Versand elektronischer Buchbestellungen fungiert. Das „Rechenzentrum Buchhandel GmbH" (RZB) wickelt die Datenverarbeitung für BAG und Buchhändler-Vereinigung ab, verkauft freie Kapazitäten aber auch auf dem freien Markt. „Die Schulen des Deutschen Buchhandels" (Gemeinnützige GmbH) in Frankfurt-Seckbach bieten als staatlich anerkannte Berufsfachschulen neunwöchige Blockseminare als Alternative zum Besuch der örtlichen Berufsschule an und bilden zum Lehrberuf des Buchhändlers oder Verlagskaufmanns bzw. in Fachschulstudiengänge zum Buchhandelsfachwirt aus. Die „Akademie des Deutschen Buchhandels" in München (Gemeinnützige GmbH) veranstaltet Seminare zur Mitarbeiterschulung.
Landesverbände
Die zusätzliche Mitgliedschaft in einem der elf Landesverbände ist Voraussetzung für die Aufnahme in den Börsenverein, die Landesverbände setzen vice versa die Doppelmitgliedschaft voraus. Sie vertreten die Interessen der Buchhandelsfirmen auf regionaler Ebene und bieten vor allem im Bereich Weiterbildung ähnliche Dienstleistungen wie der Börsenverein an.
International Publishers Association (IPA)
URL: http://www.ipa-uie.org; Sitz: Genf. Die Dachorganisation aller nationalen Branchenverbände des Buchhandels wurde 1896, zehn Jahre nach der Berner Übereinkunft, gegründet, um die dort beschlossene gegenseitige Anerkennung der Urheberrechte durch einen Zusammenschluß der Buchhandelsverbände zu überwachen und auf Dauer globale Rechtssicherheit in Fragen des Urheberrechts zu garantieren. Der IPA gehören heute Mitglieder von 66 Nationen an, wobei nur Branchenverbände und keine Einzelpersonen beitreten können. Neben der Wahrung des Urheberrechts setzt sich die Organisation für den ‚free flow of

books', d.h. den Abbau von Handelsschranken im internationalen Buchverkehr, und für Publikations- und Lesefreiheit ein. Um dieses Ziel zu erreichen, arbeitet die IPA Hand in Hand mit anderen internationalen Kulturorganisationen wie der U.N.E.S.C.O., der „International Federation of Reproduction Rights Organizations" oder der „International Confederation of Societies of Authors and Composers". Auch bei der Einführung von digitalen Standards in der Übermittlung von Bestelldaten und elektronischen Dokumenten wie etwa das Online Information eXchange (ONIX) oder der Digital Object Identifier (DOI) übernimmt die IPA eine fördernde und vermittelnde Funktion. Der 23. April wurde von der IPA zum ‚Welttag des Buches' erklärt, um mit zahlreichen Veranstaltungen das Buch öffentlichkeitswirksam zu promoten. Alle vier Jahre treffen sich die Mitglieder zu einem Kongreß.
International Booksellers Federation (IBF)
URL: keine; Sitz: Brüssel. Die IBF ist das Pendant der IBA für Sortimenter und wurde 1955 unter dem Namen „International Community of Booksellers Associations" auf der Frankfurter Buchmesse gegründet wurde.
European Booksellers Federation (EBF)
URL: http://www.ebf-eu.org; Sitz: Brüssel. Unterorganisation der IBF für Europa. Schnittstelle für die Vertretung der Anliegen des Sortimentsbuchhandels gegenüber den Behörden der Europäischen Union. D.W.

5.3. Politische Abhängigkeiten

Der Buchhandel ist in seiner gegenwärtigen Form in besonderem Maße von staatspolitischen Zugeständnissen abhängig, die ihm sowohl die Aufrechterhaltung seiner homogenen Organisationsstruktur als auch den notwendigen Rechtsschutz und nicht zuletzt finanzielle Vergünstigungen garantieren. Dazu gehören:
Kartellrechtliche Sonderstellungen
Das wichtigste Ausnahmekartell, das dem Buchhandel gesetzlich eingeräumt wird, ist die Buchpreisbindung. Die Preisbindung unterbricht den Preiswettbewerb am ‚Point of Sale' (Verkaufsort an Endabnehmer) und verhindert eine Ausdifferenzierung des Buchpreises nach Angebot und Nachfrage. Besonders gutverkäufliche Titel bleiben auf diese Weise teurer als sie es auf dem freien Markt wären, die so erzielten Mehreinnahmen sollen Titel mit geringer Nachfrage gegenfinanzieren und auf diese Weise durch Autosubvention die Literaturvielfalt im Land sichern. Dem Sortimenter wird ein Schutz gegen Dumpingpreise der Konkurrenz gegeben, allerdings entfällt für ihn auch die Möglichkeit, die Preise individuell an die lokale Kaufkraft oder die Handlungskosten anzupassen.

Die Preisbindung wird pauschal für alle Verlagserzeugnisse einschließlich Kalender, Atlanten und Landkarten gewährt, ausdrücklich ausgenommen werden lediglich Lehr- und Lernmittel sowie Nonprint-Trägermedien, die von Verlagen herausgegeben werden (z. B. Videos, CD-ROMs etc.). Wirtschaftspolitisch stellt sich die Frage, ob wirklich alle Verlagserzeugnisse einen ähnlich schützenswerten kulturellen Wert haben und die Zusatzrenditen gutverkäuflicher Titel, insbesondere aus dem Consumer-Markt, tatsächlich überwiegend der schützenswerten Literatur zugute kommen, oder ob diese Renditen nicht überwiegend dafür verwendet werden, die wachsende Zahl an Neuerscheinungen auf dem Consumer-Markt zu finanzieren. Diese Skepsis ist in der Gesetzgebung der Bundesrepublik Deutschland berücksichtigt worden. So ist die Preisbindung weder durch Mitgliedschaft oder ein Gesetz für Verlage verpflichtend, sondern lediglich eine ‚Kann'-Bestimmung. Die Bindung muß als privatrechtlicher Vertrag zwischen den Handelsstufen abgeschlossen werden, wobei das Gebot der Lückenlosigkeit in der Bindungskette zwischen Verlag und Endverkäufer vom Handel selbst zu überwachen ist. Zunehmende Preisbindungsverstöße können mit Aufhebung der Preisbindungserlaubnis für einzelne Verlage oder ggf. für jegliche Form der Buchpreisbindung durch das Bundeskartellamt geahndet werden. Diese Regelung trennt einerseits die Verantwortung über die Preisbindung vom Machtgefüge des Börsenvereins, sie kann also nicht mehr verbindlich durch Satzung erlassen werden, und übergibt die Verantwortung andererseits an alle beteiligten Einzelverlage. Dies impliziert, daß die Preisbindung jederzeit von der Eigendynamik des Marktes abgeschafft werden kann, wenn die Grundvoraussetzungen dafür nicht mehr gegeben sind (so geschehen in Großbritannien 1995). Der Börsenverein selbst ist gezwungen, über entsprechende Lobbyarbeit nach innen die preisbindenden Verlage zur Loyalität zu verpflichten und die Preisbindung umgekehrt nach außen, angesichts der zahlreichen Preisbindungsverstöße, gegenüber Politik und Kartellamt zu rechtfertigen.

Auch die Verkehrsordnung und die Wettbewerbsregeln des Börsenvereins haben nach dem Krieg ihren verbindlichen Charakter nicht wiedererlangt. Das beantragte Konditionenkartell, d. h. die Verpflichtung der Börsenvereins-Mitglieder auf diese Regelungen, wurde Ende der fünfziger Jahre vom Bundeskartellamt abgelehnt. Es ist seither bei einer unverbindlichen Konditionenempfehlung geblieben. Als zumindest kleiner Erfolg kann gewertet werden, daß die Verkehrsordnung seit 1989 als allgemeiner Handelsbrauch anerkannt wird, d. h. in juristischen Auseinandersetzungen als maßgebliche Referenz fungiert. Individuelle Geschäftsbedingungen sind den Firmen aber unabhängig von ihrer Mitgliedschaft im Börsenverein erlaubt.

Steuerliche Vergünstigungen
Seit 1961 konnte auch in Deutschland eine reduzierte Umsatzsteuer für Bücher durchgesetzt werden. Zwar wird diese Steuer zu hundert Prozent an den Kunden weitergegeben und belastet den Handel damit nur durch den anteiligen Verwaltungsaufwand, allerdings führt ein reduzierter Steuersatz zu günstigeren Bruttopreisen und damit zu einem allgemeinen Wettbewerbsvorteil gegenüber anderen Produkten. Diese Form staatlicher Subventionierung ist ebenfalls keine

Selbstverständlichkeit und steht bei jeder Erhöhung der Umsatzsteuer erneut zur Disposition. Gerade bei preisgebundenen Büchern kann eine Anhebung der Umsatzsteuer nicht ohne erheblichen Aufwand für das Sortiment aufgeschlagen werden, da es von den Preisvorgaben des Verlags abhängig bleibt und die Preise nicht eigenmächtig angleichen darf. In der Regel geht eine Erhöhung der Mehrwertsteuer daher bis zu einer Neuauflage auf Kosten des Buchhandels, um den vergleichsweise teueren Verwaltungsaufwand der Umetikettierung zu sparen. Derzeit erheben von 54 Nationen, die die IPA statistisch erfaßt hat, elf den vollen Umsatzsteuerbetrag, andererseits befreien 17 Länder Bücher generell von der Steuer. Die verbleibenden 26 haben einen reduzierten Betrag in unterschiedlichen Gewichtungen eingeführt.

Schutz des Urheberechts
Obwohl die Rechtsgrundlagen für einen globalen Urheberrechtsschutz bereits am Ende des 19. Jahrhunderts gelegt waren und derzeit auf internationaler Ebene nur noch kleinere Revisionen an den Verträgen vorgenommen werden, ist vor allem die Überwachung des Urheberrechts weiterhin ein Problem. Zwar spielt der Nachdruck als echte Produktpiraterie, wie er etwa Anfang der siebziger Jahre in der Studentenszene veranstaltet wurde, kaum noch eine Rolle, doch schlagen heute die neuen Kopierverfahren für den Buchhandel negativ zu Buche, sei es die Fotokopie, sei es die digitale Reproduktion. Da derartige Verfahren jedermann frei zugänglich und kaum überwachbar sind, ist der Buchhandel auf eine Ersatzvergütung für entgangene Umsätze angewiesen, etwa aus den Erlösen einer der Reprographievergütung (sogenannte Fotokopierabgabe), die von der Verwertungsgesellschaft „VG Wort" als zentraler Inkassostelle erhoben wird. Deren Höhe und ihre gesetzliche Grundlagen sind aber wiederum vom Staat abhängig, der seinerseits eher für eine geringe Besteuerung oder gar zur Freigabe dieser Kopien für private oder schulische Zwecke tendiert, um die Kosten für die Bibliotheken der Öffentlichen Hand und die Lehrmittel der Schulen möglichst gering zu halten. D.W.

5.4. Marktteilnehmer

Herstellender Buchhandel
Die traditionelle Bindung von Kapitalgeber und Firmeninhaber in Personalunion hat sich durch die Konzentration auf dem Buchmarkt weitgehend aufgelöst. Das ‚Vorlegen' des Geldes wird in den meisten Fällen durch eine Konzernholding oder über andere Beteiligungsmodelle von Kapitalgebern übernommen, während sich der Verlag auf Programmgestaltung und -vertrieb spezialisiert. Bei Aufkäufen dieser Art behalten die Firmen häufig ihre Eigenständigkeit als Unternehmen bei und unterstehen dem übernehmenden Konzern als Profit Center, d.h. sie wirtschaften weiterhin auf eigene Rechnung. In anderen Fällen wird das

Lektorat eines Verlags als unselbständige Abteilung dem Mutterkonzern angegliedert. Teilweise werden die Verlage auch vollständig aufgelöst und lediglich als Imprint-Verlage, d.h. als reine Markennamen weitergeführt. In jedem Fall können innerhalb eines Konzerns Synergieeffekte zur Rationalisierung genutzt werden. So lassen sich bestimmte administrative Tätigkeiten, die für alle Profit Center gleich sind, auf Konzernebene zusammenlegen (z.B. Buchhaltung) oder die Verlage können auf konzerneigene Firmen in den vertikalen Produktions- und Handelsstufen zu günstigeren Konditionen zurückgreifen (z.B. Druckereien, Verlagsauslieferungen oder Buchhandelsketten).

Trotz des Konzentrationsprozesses ist für den deutschsprachigen Buchmarkt noch keine vollständige Oligopolisierung unter die Vormacht weniger Großkonzerne (wie beispielsweise die Verlagsgruppe Georg von Holtzbrinck, Random House – alias Bertelsmann Buch AG – und neuerdings Axel Springer Verlag AG) auszumachen, obwohl gerade die Eingliederung vieler bekannter Publikumsverlage unter das Dach eines der genannten drei Konzerne leicht einen solchen Eindruck erwecken mag. Weniger auffällig hingegen sind eine Vielzahl kleinerer Holdings und Konzerne, darunter viele, die nicht unmittelbar an das Buchgeschäft gebunden sind (z.B. Zeitungsverlage).

Neben den Publikumsverlagen, die rund ein Viertel am Jahresumsatz im Verlagswesen erwirtschaften, bleibt auf dem Markt aber noch ausreichend Kapazität für eine nicht überblickbare Zahl von Klein- und Kleinstverlagen, die sich in den Nischen des Buchmarktes ansiedeln. Hier muß zusätzlich noch unterschieden werden zwischen Selbstverlagen (der Autor publiziert sich als Verleger ausschließlich selbst), Autorenverlagen (von Autoren gemeinsam geführte Verlage, in denen sich ebenfalls nur die Mitglieder publizieren) und Universitätsverlagen (Non-profit Organisationen, die die Veröffentlichung wissenschaftlicher Arbeiten an der eigenen Universität zu günstigen Konditionen realisieren). Einige Verlage treten auch nur als Dienstleister auf, die sogenannten ‚Privat'- oder ‚Kommissionsverlage' (z.B. Frieling & Partner). Bei diesen Verlagen müssen die Autoren ihre Bücher teilweise oder komplett selbst finanzieren und erhalten vom Verlag mehr oder weniger seriöse Unterstützung, den Titel zu produzieren und zu verbreiten.

Als Instanz zwischen herstellendem Buchhandel und Zwischenbuchhandel sind die Verlagsauslieferungen als eigenständige Marktteilnehmer angesiedelt. Betriebswirtschaftlich sind sie als reine Dienstleister der Verlage und nicht als Zwischenhändler zu bewerten, da sie kein unternehmerisches Risiko am Verkauf der Bücher tragen. Im Buchhandel werden sie aber traditionell dem Zwischenbuchhandel zugerechnet (Verleger-Kommissionäre). Sie übernehmen die Arbeitsleistung, die früher in der Expedition des Verlagshauses geleistet wurde, wegen der Ähnlichkeit der Arbeitsvorgänge auch als eigenständiger Geschäftsbereich von Barsortimenten betrieben. Verlagsauslieferungen übernehmen Lagerung und Versand der Bücher im Auftrag mehrerer Verlage und bieten darüber hinaus die Leistungen eines echten oder unechten Factoring. Damit gemeint sind Rechnungslegung der eingehenden Bestellungen, Bonitätsprüfung und Mahnwesen sowie beim echten Factoring zusätzlich Inkassoleistungen.

Bindeglied zwischen herstellendem und Sortimentsbuchhandel sind die Verlagsvertreter. Ihre Aufgabe ist es, die Neuerscheinungen eines Verlags (bei kleineren Verlagen auch gesammelt für mehrere Verlage) im Sortiment bekannt zu machen und sie zu verkaufen. Dazu geht er traditionell zweimal im Jahr ‚auf die Reise', was – je nach Größe des ihm obliegenden Reisegebiets – etwa zwei Drittel des Jahres beansprucht. In dieser Funktion sind Verlagsvertreter für Verlage auch ein wichtiges Instrument der primären Marktforschung, um Stimmungen und Meinungen direkt am ‚Point of Sale' aufzufangen. Das Sortiment läßt sich den Vertreterbesuch durch höhere Rabatte entlohnen und nimmt im Gegenzug billigend in Kauf, auch das eine oder andere Buch zusätzlich ‚aufgeschwatzt' zu bekommen. Verlagsvertreter arbeiten entweder als freie Handelsvertreter auf eigene Rechnung im Auftrag eines Verlages und sind prozentual am Nettoumsatz beteiligt, oder sie arbeiten im Angestelltenverhältnis eines Verlages und erhalten bei einer geringeren Provision zusätzlich ein festes Grundgehalt. In ihrer Tätigkeit wird ihnen innerhalb eines festen Konditionenrahmens zumeist einige Entscheidungsfreiheit zugebilligt, was die Festsetzung der jeweiligen individuellen Konditionen gegenüber dem Sortimenter betrifft. Sie müssen sich aber letztlich mit ihren Umsatzzahlen am internen Wettbewerb mit den Kollegen der anderen Reisegebiete messen und bekommen bei remittierten oder umgetauschten Büchern auch die Provisionen wieder abgezogen. In ein Spannungsfeld geraten sie, weil die Verlage die Beurteilung eines Vertreters auf der einen Seite von seiner Verkaufsleistung abhängig machen und ihn gewissermaßen unter Druck setzen, auch ein schlechtes Produkt in den Markt zu pressen. Auf der anderen Seite können sie diese Erfolge aber häufig nur dadurch erreichen, daß sie den Sortimentern bessere Konditionen einräumen, die wiederum auch zu ihren Lasten gehen.

Zwischenbuchhandel

Barsortimente oder Grossisten (beide funktional äquivalent; die unterschiedlichen Namen verweisen auf die historische Abstammung des Betriebs vom Buch- oder Zeitschriftenhandel) betreiben auf eigene Rechnung ein Großsortiment der gängigsten lieferbaren Titel und liefern Bestellungen über ein fein verzweigtes Logistiksystem in nur einer Nacht an nahezu jede Buchhandlung in der Bundesrepublik aus. Ihr Vorteil gegenüber normalen Verlagsbestellungen ist zum einen die Geschwindigkeit der Auslieferung, zieht sich doch eine Verlagsbestellung auch heute noch zwischen zwei Tagen und zwei Wochen in die Länge. Zum anderen besteht ihr Vorteil im gebündelten Bezug von Büchern der verschiedensten Verlage von nur einer Bezugsquelle (damit Vermeidung teurer Frachtkosten bei Einzelsendungen). Und drittens ermöglicht der Bezug über das Barsortiment auch eine ‚Just-in-time' Lieferung, die es den Buchhandlungen erlaubt, ihre eigenen Lager und damit die Kapitalbindung möglichst klein zu halten, da Abverkäufe umgehend wieder nachgekauft werden können. Nachteile für die Sortimente sind der geringere Sortimenterrabatt und stark limitierte Remissionsmöglichkeiten.

Um die Auslieferung über das Netz von Spediteuren ökonomisch sinnvoll zu gestalten, stellen Verlagsauslieferungen und Barsortimente ihre Transportdienste als sogenannter Büchersammelverkehr den Verlagen und Buchhandlungen zur Verfügung und stellen für den Buchhandel so eine preiswerte Alternative zu anderen Paketdiensten dar.

Den Markt des Zwischenbuchhandels teilen sich heute vor allem die zwei Großunternehmen Koch, Neff & Oettinger (KNO) mit der Tochter Koehler & Volkmar (KV), Stuttgart und Hamburg, sowie Lingenbrink (Libri), Bad Hersfeld und Hamburg. Beide halten etwa 300 000 Titel auf Lager, darunter seit einigen Jahren auch fremdsprachige Bücher aus dem Ausland. Diese Titel waren bislang vor allem die Domäne spezialisierter Grossisten, allerdings hat die wachsende Nachfrage nach Originalliteratur in den Weltsprachen dazu geführt, daß hier die gängigen Titel zuweilen auch über eigene deutsche Verlagsauslieferungen der ausländischen Verlage vertrieben werden (z. B. Penguin). So konzentriert sich die Arbeit der Grossisten vermehrt auf das Besorgungsgeschäft der weniger populären Schriften aus allen Teilen der Welt.

Vertreibender Buchhandel
Die Anzahl der Verkaufsstellen für Bücher ist schwer zu schätzen, da es kaum Einzelhandelssegmente gibt, in denen nicht auch Bücher vertrieben werden können. Der Anteil der Nebenmärkte dürfte nach Schätzungen der Verlagsgruppe Bertelsmann rund zwölf Prozent des Gesamtumsatzes buchhändlerischer Betriebe an den Endverbraucher ausmachen. Hinzu kommen neben den klassischen Buchhandlungen auch Mischformen wie die Bahnhofsbuchhandlungen mit ihrem großen Pressesortiment oder sogenannte PBS-Läden (Papier, Büro, Schreibwaren) vor allem in ländlichen Gebieten. Auf diesem insgesamt gesehen atomisierten Markt von mehreren zehntausend Verkaufsstellen erwirtschaften allerdings die hundert größten Buchhandlungen rund ein Drittel des jährlichen Umsatzvolumens von rund 13 Milliarden Mark, die größten zehn unter ihnen bereits einen Anteil von gut 14 Prozent. An der Spitze der Hierarchie stehen Buchhandels- und Kaufhausketten, die im ganzen deutschsprachigen Raum ein Filialnetz betreiben (Hugendubel, Karstadt, Libro, Phönix-Montanus, Kaufhof, Weltbild). Es folgen etwa ab dem achten Rang die großen traditionellen Sortimentsbuchhandlungen, die neben dem Mutterhaus mehrere Filialen betreiben und sich dabei auf die Ballungszentren spezialisiert haben. Daran schließen sich wiederum die großen Einzelhäuser in den Groß- und Universitätsstädten an.

Bis hierher beziehen sich die Zahlen auf den stationären Buchhandel. Hinzu kommen Buchumsätze durch den Direktvertrieb der Verlage an den Endkunden oder durch den Versandbuchhandel. Beide Zweige erwirtschaften zusätzliche drei Milliarden DM jährlich. Marktführer ist die Augsburger Verlagsgruppe Weltbild, die den Direktvertrieb der eigenen Verlagsprodukte und das Versandgeschäft kombiniert. Das Unternehmen erreicht über ihre Kataloge monatlich rund acht Millionen Haushalte, etwa die Hälfte davon gehört zum festen Kundenstamm. Angesprochen werden dadurch vor allem Bevölkerungsschichten, die eine hohe Schwellenangst vor einer normalen Sortimentsbuchhandlung haben. Inzwischen wird das Katalogangebot auch stationär über ein eigenes Filialnetz vertrieben.

Die Bedeutung des Versandbuchhandels steigt mit der wachsenden Verbreitung des Internets. Zwar liegt der momentane Umsatz noch auf einem Niveau, das in den Statistiken kaum auffällt, doch zeigen Zuwachsraten von über 150 Prozent jährlich, daß dieses Segment in Zukunft den Buchmarkt in größerem Ausmaß mitgestalten wird. In der augenblicklichen Aufbauphase wird der Internetbuchhandel von den großen Buchhandelsketten und -versandhäusern dominiert, die ihre schon bestehende Logistik und Infrastruktur relativ einfach zu einer Handelsplattform im Internet ausbauen konnten (z.B. booxtra von Weltbild, mediantis von Phönix-Montanus, bol von Bertelsmann, lion.cc von Libro). Eine Ausnahme ist der amerikanische Pionier Amazon, der die Idee des Internetbuchhandels erst zum Anlaß seiner Unternehmensgründung machte.

Eine besondere Rolle spielen auch die Barsortimente, die schon in den frühen achtziger Jahren Buchhandlungen per Standleitung an die firmeneigene Datenbank anschlossen und ihnen so die Online-Recherche und Direktbestellungen ermöglicht. Diese Datenbanken können ebenfalls ohne großen Aufwand im Internet verfügbar gemacht werden. Für die Versandzentren der Barsortimente wäre es ohne weiteres möglich, statt an die Sortimente direkt an die Endkunden zu liefern. Daß der Zwischenbuchhandel bislang noch nicht offiziell als Internetbuchhändler auftritt, liegt an der strategischen Überlegung, nicht als direkter Konkurrent gegenüber der Hauptkundenklientel, den Sortimentsbuchhandlungen, aufzutreten. Zudem ist er durch seine Mitgliedschaft im Börsenverein an die Einhaltung der Richtlinien des sogenannten ‚Spartenpapiers‘ gebunden, das eine solche Betätigung untersagt.

Die Buchhändlervereinigung hat auf der Basis des VLB ebenfalls einen Internetshop ins Netz gestellt, der allerdings die Bestellungen an eine Buchhandlung nach Wahl weiterleitet und keine weiteren Versandleistungen übernimmt. Dieses Modell ermöglicht es jedem noch so kleinen Sortiment, als Zusatzservice zum eigentlichen Geschäft auch die komplette Leistung einer Internetbuchhandlung anbieten zu können. Ein ähnliches Modell wird von den Barsortimenten angeboten. Hier haben die Buchhandlungen die Möglichkeit, ihre eigene Homepage als Maske über die standardisierten Recherche- und Bestellmodule des Barsortiments zu legen.

D.W.

5.5. Marketing

Der angelsächsische Begriff Marketing ersetzt heute das ältere ‚Absatzwirtschaft', womit ursprünglich vor allem die Vermarktung von Produkten bezeichnet wurde, für die ein Nachfrageüberschuß bestand (vgl. Nieschlag/Dichtl/ Hörschgen 1997, 12f.). Im Nachkriegsdeutschland konnte man in Zeiten des Mangels davon ausgehen, daß für jedes neue Produkt grundsätzlich genug Käufer zu finden waren und man lediglich das Problem zu lösen hatte, wie man Ware und Käufer ökonomisch zusammenführte. Entsprechend hatte Werbung zunächst nur die Funktion, auf das Produkt aufmerksam zu machen, der Schwerpunkt der Absatzwirtschaft lag in der Distribution. In den Zeiten des Überflusses hingegen reicht diese Form der Absatzwirtschaft nicht mehr aus. Entweder muß durch geeignete Strategien eine künstliche Nachfrage für neue Produkte geschaffen oder die Produktentwicklung muß an die realen Marktbedürfnisse angepaßt werden. So schwanken die Definitionen für Marketing zwischen „create a customer" und „the creative process of satisfying customer needs profitably" (zitiert nach Baverstock 1993, 31). Die Wahl zwischen den beiden Möglichkeiten hängt nicht unwesentlich von der Möglichkeit eines Unternehmens ab, sich selbst strukturell zu verändern.

Dieser Hintergrund erklärt auch, warum Marketing in den Organisationsstrukturen der Unternehmen häufig als übergeordnete Abteilung für Vertrieb, Werbung und PR angesiedelt ist, nicht aber für Produktentwicklung. In diesem Falle versteht man unter einem Marketingkonzept den Aufbau einer künstlichen Nachfrage für ein bereits produziertes Gut. Die neuere betriebswirtschaftliche Lehre hingegen sieht im Marketing ein strategisches Gesamtkonzept zur Unternehmensführung, das grundsätzlich alle operativen Bereiche von der Produktentwicklung bis zum Vertrieb auf die Bedürfnisse des Kunden ausrichtet.

In beiden Fällen gliedert sich ein Marketing-Konzept in ein Marketing-Ziel, eine mittel- oder langfristige Marketing-Strategie und die operativen Umsetzungen der Strategie auf den vier Feldern des Marketing-Mix. Die vier Felder umfassen die Distribution (Distributions-Mix), Preise und Konditionen (Kontrahierungs-Mix), Werbung, PR, Kundenbetreuung (Kommunikations-Mix) sowie Produktentwicklung oder Produktpalette (Produkt-Mix).

Verlagsmarketing

Stärker als in anderen Branchen tendiert das Verlagswesen dazu, im Marketing vor allem die Vermarktung der produzierten Auflage zu sehen, d. h. das Verlagswesen produziert weitgehend auf Verdacht für einen nicht näher bestimmten Markt, vom dem eine grundsätzliche Nachfrage erwartet wird. Die Verlage haben sich bislang an die Strategie gehalten, den Markt mit einem in einer geringen Startauflage produzierten Buch auszutesten und bei Erfolg mit Nachauflagen zu reagieren. Diese These unterstützt auch die Tatsache, daß der Distributions-Mix im Buchhandel eine nahezu vollständige Perfektion erreicht hat, während die anderen Felder des Marketing-Mix einen eher geringeren Stellenwert einnehmen. Die Preispolitik ist durch die Preisbindung und ein festes System vom Preisschwellen ein Feld ohne große Spielräume. Das gilt auch für die Konditionen, die den Buchhandlungen gewährt werden. Durch die im Mittel relativ geringen Auflagen halten sich auch die produktbezogenen Etats für Werbemaßnahmen in engen Grenzen. In der Regel beschränken sie sich auf die Herausgabe der Neuerscheinungskataloge und auf Werbematerial am ‚Point of Sale' (z. B. Poster, Folder, Displays). Hinzu kommen die Kosten für die Auftritte auf den Buchmessen und gelegentlich für Anzeigen. Größerer Wert wird deshalb vor allem auf die Pressearbeit gesetzt, erhofft man sich doch durch Rezensionen in der Fach- und Tagespresse einen kostengünstigeren Werbeeffekt.

In der Zwischenzeit haben die verschärften Wettbewerbsbedingungen zu einem Umdenken vor allem im Bereich des Consumer Marktes geführt. Hier orientiert man sich zunehmend stärker an den Wünschen des Käufers und konzipiert Titel nach Trends und neuen Informationsbedürfnissen (jede neue Software erfordert ein neues Lehrbuch, jede Fernsehserie ein Begleitbuch etc.). Die Schwierigkeit für diese Form des Marketing besteht in der Akquisition aktueller Marktforschungsdaten. Die Berichte der Verlagsvertreter von den Erfahrungen ihrer letzten Reise sind für schnelle Reaktionen auf dem Markt nicht mehr ausreichend, die Beauftragung spezieller Marktforschungsinstitute hingegen aus Kostengründen nicht realistisch. So bleibt nur die Eigenrecherche anhand von Sekundärquellen, die aber Trends ebenfalls nur mit starker Verzögerung abbilden. Konzerne hingegen, die Buchhandelsketten oder einen Buchversand zu ihren Unternehmen zählen, können anhand der täglichen Verkaufsstatistiken Trends unmittelbar erkennen und erhalten auf diese Weise relativ präzise Kenndaten über das potentielle Marktvolumen für ‚Me-too' Produkte oder Ergänzungstitel. Sie können dann kurzfristig ihre Programmplanung ändern und mitunter innerhalb von nur zwei Wochen eigene Titel auf den Markt bringen *(instant books)*. Dieser Marketingvorteil verschärft den Konkurrenzkampf gegenüber kleinen- und mittelständischen Verlagen, werden doch deren Titel von den Konzernen in gewisser Weise als ‚Versuchsballons' für die Trendforschung genutzt.

Anders ist die Situation auf dem literarischen Markt, auf dem sich Titel nicht auf ähnliche Weise durch Parallelprodukte substituieren lassen. Der Aufstieg eines Schriftstellers zum Bestsellerautor ist von nur schwer kalkulierbaren Faktoren abhängig und erfordert das intuitive Einschätzungsvermögen und Erfahrungswissen der Lektoren. Zwar können Autoren auch gezielt ‚aufgebaut' werden, indem die Autoren ihre Werke in enger Anlehnung an bestimmte Themenvorgaben schreiben oder im nachhinein anpassen lassen. Auch stilistische Korrekturen können von zweiter Hand vorgenommen werden, es können Autoren mit wohlklingenden Pseudonymen zu Kunstmarken veredelt werden und über das Beziehungsnetzwerk der Verlage lassen sich auch unbekannte

Autoren öffentlichkeitswirksam in der Medienwelt plazieren. In der Regel wird aber ein Erfolg auch durch solche unterstützende Maßnahmen nicht zu erzwingen sein. Einmal zum Bestsellerautor avanciert, kann ein Autor dann aber wie eine herkömmliche Produktmarke gepflegt werden. Die großen Abverkaufszahlen spielen in diesem Fall einen ausreichend großen Etat ein, um konventionelle und kostenintensive Werbeoffensiven zu starten. Allerdings steigt damit auch der Wert des Autors auf dem Buchmarkt und somit wird es für den Verlag zunehmend schwieriger, Abwerbeversuche der Konkurrenz abzuwehren. Die Vermarktung ihrer Nutzungsrechte lassen solche Autoren in der Regel von Literaturagenten übernehmen, die vor jeder Neuerscheinung zwischen dem Heimatverlag und den an einer Übernahme interessierten Konkurrenten höhere Preise auszuhandeln versuchen. Durch dieses Aufschaukeln der Preise werden heute bei Starautoren mitunter bis zu einer Millionen DM als Garantiehonorar gezahlt, ohne daß der Autor bereits eine einzige Zeile geschrieben haben muß. Auch hier ist es verständlich, daß kleinere und mittelständische Verlage den Preiskampf im Bestsellermarkt nicht lange bestehen können und so ihre eigenen Erfolgsautoren über kurz oder lang an die kapitalstärkeren Konzerne verlieren.

Sortimentsmarketing
Der klassische Sortimenter einer kleinen, im Familienbesitz befindlichen Buchhandlung oder Buchverkaufsstelle ist immer noch bestrebt, das eigene Angebot nicht nur nach der Nachfrage zu gestalten, sondern das Sortiment zu einem bestimmten Grad nach kulturellen Werten zu bestücken und in Kauf zu nehmen, daß viele dieser Titel über Jahre hinweg als unverkäufliche ‚Tapete' die Regale füllen. In der Regel baut er damit einen engen Kundenstamm auf, der von dem Niveau seiner Buchauswahl angesprochen wird und dessen persönlichen Wünschen er sich dann auch im besonderen öffnet. Ein solcher Buchhändler lebt weniger von der Laufkundschaft und richtet sein Marketing auf die Kundenpflege aus. Die Veranstaltung von Autorenlesungen gehört hierzu wie die Organisation einer Fahrt zur Buchmesse oder der vielleicht inzwischen etwas antiquierte persönliche Werbebrief, der heute vielfach durch kleine Kundenzeitschriften und Newsletters ersetzt worden ist.

Im Gegensatz dazu orientieren sich große Buchketten fast ausschließlich an der Nachfrage der Laufkundschaft, was zu einer gewissen Nivellierung von Angebot und Ladeneinrichtung geführt hat (Boulevard Buchhandlung). Große Buchhäuser in den Städten wiederum legen ihren Schwerpunkt auf die Vollständigkeit des Sortiments und kombinieren beide Marketingkonzepte.

In jedem Fall richten sich die Buchhandlungen an einem regelmäßig wiederkehrenden Jahreskreis von saisonalen Themenschwerpunkten aus. So z.B. Gartenbau vor und zur Pflanzzeit, Reiseführer zur Sommerzeit, Kalender zum Jahresende usw. In der Weihnachtszeit machen die Sortimente den größten Umsatz im Jahr. Sie spielt damit die wichtigste Rolle in der Marketingplanung. Über das ganze Jahr hinweg bestimmt außerdem die Promotion bestimmter

Buchtitel in den Massenmedien – sei es die Besprechung im Literarischen Quartett, seien es die Bestsellerlisten der Illustrierten oder seien es Rezensionen in den wichtigen Feuilletons – das Angebot der Buchhandlungen.

In der Preisgestaltung sind auch den Sortimenten weitgehend die Hände gebunden. Zugaben in Form von Werbegeschenken werden juristisch schnell als Verletzung der Preisbindung gewertet. Die Weitergabe von Mengenrabatten an den Endkunden (z. B. Bücher als Weihnachtsgaben von Betrieben oder Klassenlektüre für den Deutschunterricht) wird durch die Vorgaben der Verlage strikt reglementiert. Möglich sind nur geldwerte Serviceleistungen wie Bezahlung per Kreditkarte, kostenloses Verpacken in Geschenkpapier oder die Lieferung frei Haus.

Anders als bei den Verlagen spielen die Warenplazierung und die Ladeneinrichtung eine wichtige Rolle im Marketingkonzept. In der Regel werden preiswerte oder reduzierte Bücher (modernes Antiquariat) bzw. Titel der Bestsellerlisten stapelweise von der Eingangstür in den Laden hinein gestellt, um den Kunden so in den Laden zu locken. Um die Schwellenangst vieler Kunden gering zu halten, gestaltet man Buchhandlungen gerne auch in einer offenen Bauweise (z.B. Einkaufszentren, wo es keine Türen mehr gibt) oder es werden ‚Shop-in-shop' Lösungen praktiziert (Ansiedelung anderer Geschäfte im eigenen Haus, etwa eine Bankfiliale oder ein CD-Shop). Heute wird unter dem Stichwort ‚Erlebnisbuchhandlung' auch verstärkt auf ein einladendes Ambiente geachtet und der Kunde durch bequeme Sitzgelegenheiten oder kleine Cafés zum Probelesen eingeladen. Die Ergänzung mit passenden Nonbook-Produkten gehört ebenfalls zu dieser Konzeption (etwa Weine zu Weinführern). D.W.

6. Literaturverzeichnis

Abgekürzt zitierte Literatur

AGB: Archiv für Geschichte des Buchwesens, hg. v. der Historischen Kommission des Börsenvereins des Deutschen Buchhandels. Frankfurt a. M. 1958ff.

LGB[2]: Lexikon des gesamten Buchwesens, hg. v. Severin Corsten, Günther Pflug u. Friedrich Adolf Schmidt-Künsemüller. 2., völlig überarbeitete Aufl. Stuttgart 1987ff.

Literatur*

[A. Gr.] Buchhandel, ein Weg zur internationalen Verständigung. In: Börsenblatt für den Deutschen Buchhandel. Frankfurter Ausgabe. 15(1959), Nr. 63, 931–935.

Aris, Annet/Vizjak, Andrej: Teamorientiertes Einkaufen bei Bertelsmann Buch AG. In: Fallstudien zum Internationalen Management. Grundlagen, Praxiserfahrung, Perspektiven, hg. v. Joachim Zentes u. Bernhard Swoboda. Wiesbaden 2000, 299–306.

Assel, Jutta/Jäger, Georg. Zur Ikonographie des Lesens – Darstellungen von Leser(inne)n und des Lesens im Bild. In: Handbuch Lesen ... 1999, 638–673.

Aus dem Antiquariat. Beilage zum Börsenblatt für den Deutschen Buchhandel. Frankfurter Ausgabe, hg. v. Börsenverein des Deutschen Buchhandels. Frankfurt a. M. 1948ff.

Baufeldt, Uwe/Rösner, Hans/Scheuermann, Jürgen/Walk, Hans: Informationen übertragen und drucken. Lehr- und Arbeitsbuch für das Berufsbild Drucktechnik. 13. völlig überarbeitete u. erweiterte Aufl. Itzehoe 1998.

Baverstock, Alison: Are books different? Marketing in the book trade. London 1993.

Bibliographie der Buch- und Bibliotheksgeschichte (BBB). Bearb. v. Horst Meyer. Bd. 1ff. Bad Iburg 1982ff.

Bickenbach, Matthias: Von den Möglichkeiten einer ‚inneren' Geschichte des Lesens (Communicatio. Studien zur europäischen Literatur- und Kulturgeschichte 20). Tübingen 1999.

Bischoff, Bernhard: Paläographie des römischen Altertums und des abendländischen Mittelalters (Grundlagen der Germanistik 24). 2. überarbeitete Aufl. Berlin 1986.

Boghardt, Martin: Die Erforschung des Buchdrucks als Grund- und Hilfswissenschaft. In: Rationalisierung der Buchherstellung im Mittelalter und in der frühen Neuzeit, hg. v. Peter Rück u. Martin Boghardt (Elementa diplomatica 2). Marburg 1994, 5f.

Börsenblatt für den Deutschen Buchhandel und die mit ihm verwandten Geschäftszweige, hg. v. Börsenverein der Deutschen Buchhändler. Leipzig 1834–1945. (Microficeausgabe: München/New York/Paris/London 1979–1981.)

Börsenblatt für den Deutschen Buchhandel. Frankfurter Ausgabe, hg. v. Börsenverein des Deutschen Buchhandels. Frankfurt a. M. 1946–1990.

Börsenblatt für den Deutschen Buchhandel. Leipziger Ausgabe, hg. v. Börsenverein der Deutschen Buchhändler. Leipzig 1946–1990.

Börsenblatt für den Deutschen Buchhandel. Frankfurt a. M./Leipzig. Frankfurt a. M. 1991ff.

---

* Es wird nur Literatur verzeichnet, auf die im Text verwiesen wurde.

Bramann, Klaus-Wilhelm/Merzbach, Joachim/Münch, Roger: Sortiments- und Verlagskunde (Grundwissen Buchhandel – Verlage 2). 2. überarbeitete u. erweiterte Ausg. München/New Providence/London/Paris 1995.

Brekle, Herbert E.: Typographie. In: Schrift und Schriftlichkeit ... 1994, 204–227.

Buch und Buchhandel in Zahlen, hg. v. Börsenverein für den Deutschen Buchhandel. Frankfurt a. M. 1954ff.

Bücher, Karl: Der deutsche Buchhandel und die Wissenschaft. Denkschrift, im Auftrage des Akademischen Schutzvereins. Leipzig 1903.

Buchhandelsgeschichte. Aufsätze, Rezensionen und Berichte zur Geschichte des Buchwesens. Beilage zum Börsenblatt für den Deutschen Buchhandel. Frankfurter Ausgabe, hg. v. der Historischen Kommission des Börsenvereins des Deutschen Buchhandels. Frankfurt a. M. 1974ff.

Buch Journal, hg. v. Börsenverein des Deutschen Buchhandels. Frankfurt a. M. 1985ff.

Buchreport, hg. v. Bodo Harenberg. Dortmund 1970ff. Ab 1999 unter dem Titel: Buchreport. Express. (URL http://www.aktuell-lexikon.de/buchreport/)

Buchwissenschaft und Buchwirkungsforschung. VIII. Leipziger Hochschultage für Medien und Kommunikation, hg. v. Dietrich Kerlen u. Inka Kirste. Leipzig 2000.

Buhrfeind, Anne: Der Börsenverein des Deutschen Buchhandels und die Verteidigung der Preisbindung. In: Handbuch Lesen ... 1999, 464–469.

Burkart, Roland: Kommunikationswissenschaft. Grundlagen und Problemfelder. Umrisse einer interdisziplinären Sozialwissenschaft. 3. überarbeitete u. aktualisierte Aufl. Wien/Köln/Weimar 1998.

Cahn, Michael: „Es gibt keine Geschichte des Buches". Kritische Gedanken anläßlich zweier Veröffentlichungen. In: Buchhandelsgeschichte ... 1994, H. 1, B 33–B 38.

Chartier, Roger: Lesewelten. Buch und Lektüre in der frühen Neuzeit (Historische Studien 1). Frankfurt/New York/Paris 1990.

Christmann, Ursula/Groeben, Norbert: Psychologie des Lesens. In: Handbuch Lesen ... 1999, 145–223.

Costen, Severin: Die Erfindung des Buchdrucks im 15. Jahrhundert. In: Die Buchkultur im 15. und 16. Jahrhundert ... 1. Halbbd. 1995, 125–202.

Corsten, Severin/Schmitz, Wolfgang: Buchdruck des 15. und 16. Jahrhunderts. In: Die Erforschung der Buch- und Bibliotheksgeschichte in Deutschland, hg. v. Werner Arnold, Wolfgang Dittrich u. Bernhard Zeller. Wiesbaden 1987, 93–120.

Delp, Ludwig: Buch und Wissenschaften. Ein Beitrag zur Wissenschaftstheorie. In: Das Buch in Praxis und Wissenschaft, hg. v. Peter Vodosek (Buchwissenschaftliche Beiträge aus dem Deutschen Bucharchiv München 25). Wiesbaden 1989, 768–793.

Delp, Ludwig: Buchwissenschaften – Dokumentation und Information (Buchwissenschaftliche Beiträge aus dem Deutschen Bucharchiv München 57). Wiesbaden 1997.

Der Börsenverein des Deutschen Buchhandels 1825–2000. Ein geschichtlicher Aufriss, hg. im Auftrage der Historischen Kommission v. Stephan Füssel u. a. Frankfurt a. M. 2000.

Die Buchkultur im 15. und 16. Jahrhundert, hg. v. Vorstand der Maximilian Gesellschaft. 2 Halbbde. Hamburg 1995, 1999.

Die Erforschung der Buch- und Bibliotheksgeschichte in Deutschland, hg. v. Werner Arnold, Wolfgang Dittrich u. Bernhard Zeller. Wiesbaden 1987.

Die Welt des Lesens. Von der Schriftrolle zum Bildschirm, hg. v. Roger Chartier u. Guglielmo Cavallo. Frankfurt/New York/Paris 1999.

Ehlich, Konrad: Funktion und Struktur schriftlicher Kommunikation. In: Schrift und Schriftlichkeit ... 1994, 18–41.

Eisenstein, Elizabeth L.: The printing press as an agent of change: communications and cultural transformations in early-modern Europe. Vol. 1, 2. Cambridge 1979.

Erben, Ben/Götz, Veruschka: Color & type for the screen (Schrift & Farbe am Bildschirm). Mainz 1998.

Escarpit, Robert: Methods in reading research. In: Studies on research in reading and libraries, hg. v. Paul Kaegbein im Auftrag des IFLA Round Table on Research in Reading (Beiträge zur Bibliothekstheorie und Bibliotheksgeschichte 3). München u.a. 1991, 1–16.

Estermann, Monika: „O werthe Druckerkunst/Du Mutter aller Kunst". Gutenbergfeiern im Laufe der Jahrhunderte. Mainz 1999.

Estermann, Monika: Tendenzen der Literaturdistribution in der Bundesrepublik Deutschland durch Bücher und Zeitschriften. In: Buch, Buchhandel und Rundfunk 1950–1960, hg. v. Monika Estermann u. Edgar Lersch. Wiesbaden 1999, 33–57.

Everling, Ulrich/Rürup, Bert/Füssel, Stephan: Die Buchpreisbindung aus europarechtlicher, ökonomischer und kulturhistorischer Sicht. Frankfurt a.M. 1997.

Fèbvre, Lucien/Martin, Henri-Jean: The coming of the book. The impact of printing 1450–1800. London/New York 1997. [Französische Originalausg. „L'apparition du livre" 1958.]

Fischer, Ernst: Geschichte der Zensur. In: Medienwissenschaft ... 1999, 500–513.

Funke, Fritz: Buchkunde. Ein Überblick über die Geschichte des Buch- und Schriftwesens. 6., überarbeitete u. ergänzte Aufl. München 1999.

Füssel, Stephan: Buchwissenschaft als Kulturwissenschaft. In: Im Zentrum: das Buch ... 1997, 62–73.

Gabriel, Norbert: Kulturwissenschaft und Neue Medien. Wissensvermittlung im digitalen Zeitalter. Darmstadt 1997.

Gaskell, Philip: A new introduction to bibliography. Winchester/New Castle 1995.

Genette, Gérard: Paratexte. Das Buch vom Beiwerk des Buches. Frankfurt a.M./New York/Paris 1989.

Gerhardt, Claus W.: Geschichte der Druckverfahren. Teil II: Der Buchdruck (Bibliothek des Buchwesens 3). Stuttgart 1975.

Gesamtkatalog der Wiegendrucke, hg. v. der Kommission für den Gesamtkatalog der Wiegendrucke. Bd. 1–8/1. Leipzig 1925–1940. – 2. Aufl. Bd. 1–7. Stuttgart 1968. – Bd. 8ff. Stuttgart 1978ff.

Geschichte des deutschen Buchhandels im 19. und 20. Jahrhundert. Im Auftrag des Börsenvereins des Deutschen Buchhandels hg. v. der Historischen Kommission. Bd. 1, Teil 1: Das Kaiserreich 1871–1918. Im Auftrag der Historischen Kommission hg. v. Georg Jäger in Verbindung mit Dieter Langewiesche u. Wolfram Siemann. Frankfurt a.M. 2001.

Giesecke, Michael: Der Buchdruck in der frühen Neuzeit. Eine historische Fallstudie über die Durchsetzung neuer Informations- und Kommunikationstechnologien. Frankfurt a.M. 1991.

Giesecke, Michael: Buchwissenschaft als Medien- und Informationswissenschaft. In: Buchhandelsgeschichte ... 1992, H. 3, B97–B107.

Glotz, Peter/Langenbucher, Wolfgang R.: „Buchwissenschaft"? Ein Diskussionsbeitrag. In: Publizistik 10(1965), 302–313.

Glück, Helmut: Schrift und Schriftlichkeit. Eine sprach- und kulturwissenschaftliche Studie. Stuttgart 1987.

Grimm, Heinrich: Die Buchführer des deutschen Kulturbereichs und ihre Niederlassungsorte in der Zeitspanne 1490 bis um 1550. In: AGB 7(1967), Sp. 1153–1772.

Gross, Sabine: Lese-Zeichen. Kognition, Medium und Materialität im Leseprozeß. Darmstadt 1994.

Gross, Sabine: Das Buch in der Hand. Zum situativ-affektiven Umgang mit Texten. In: Leseverhalten in Deutschland ... 2001, 175–197.

Grundmann, Herbert: Von der Notwendigkeit und Möglichkeit einer allgemeinen Buchwissenschaft. In: Wege zur Buchwissenschaft, hg. v. Otto Wenig (Bonner Beiträge zur Bibliotheks- und Bücherkunde 14). Bonn 1966, 399–416.

Gruschka, Bernd R.: Der gelenkte Buchmarkt. Die amerikanische Kommunikationspolitik in Bayern und der Aufstieg des Verlages Kurt Desch 1945–1950. In: AGB 44(1995), 1–186.

Gutenberg. Aventur und kunst. Vom Geheimunternehmen zur ersten Medienrevolution, hg. v. der Stadt Mainz. Mainz 2000.

Gutenberg-Jahrbuch. Begründet v. Aloys Ruppel. Im Auftrag der Gutenberg-Gesellschaft hg. Mainz 1926ff.
Handbuch der Printmedien. Technologien und Produktionsverfahren, hg. v. Helmut Kipphan. Berlin u. a. 2000.
Handbuch Lesen. Im Auftrag der Stiftung Lesen und der Deutschen Literaturkonferenz hg. v. Bodo Franzmann u. a. München 1999.
Haebler, Konrad: Typenrepertorium der Wiegendrucke. Abt. 1–5 (Sammlung bibliothekswissenschaftlicher Arbeiten 19/20, 22/23, 27, 29/30, 39, 40). Halle/[später] Leipzig/New York 1905–1924.
Hanebutt-Benz, Eva: Technik des Buches. In: Medienwissenschaft ... 1999, 390–421.
Heider, Fritz: Ding und Medium. In: Symposion. Philosophische Zeitschrift für Forschung und Aussprache 1(1925), 109–157.
Hellinga, Wytze/Hellinga, Lotte: The fifteenth-century printing types of the Low Countries. 2 Bde. Amsterdam 1966.
Hellinga, Lotte: Analytical bibliography and the study of early printed books with a case-study of the Mainz Catholicon. In: Gutenberg-Jahrbuch 1989, 47–96.
Histoire de l'édition française, hg. v. Roger Chartier u. Henri-Jean Martin. 4 Bde. 2. Aufl. [Paris] 1989–1991.
Hochuli, Jost: Bücher machen. Eine Einführung in die Buchgestaltung, im besonderen in die Buchtypografie. München/Berlin 1990.
Holl, Frank: Produktion und Distribution wissenschaftlicher Literatur. Der Physiker Max Born und sein Verleger Ferdinand Springer 1913–1970. In: AGB 45(1996), 1–225.
Illich, Ivan: Im Weinberg des Textes. Als das Schriftbild der Moderne entstand. Ein Kommentar zu Hugos „Didascalicon". Frankfurt a. M. 1991.
Im Zentrum: das Buch. 50 Jahre Buchwissenschaft in Mainz, hg. v. Stephan Füssel. (Kleiner Druck der Gutenberg-Gesellschaft 112). Mainz 1997.
Imiela, Hans-Jürgen: Geschichte der Druckverfahren. Teil IV: Stein- und Offsetdruck (Bibliothek des Buchwesens 10). Stuttgart 1993.
Jäger, Georg: Der Kampf gegen Schmutz und Schund. Die Reaktion der Gebildeten auf die Unterhaltungsindustrie. In: AGB 31(1988), 163–191.
Jäger, Georg: Buchhandel und Wissenschaft. Zur Ausdifferenzierung des wissenschaftlichen Buchhandels (LUMIS-Schriften 26). Siegen 1990.
Jäger, Georg: Die theoretische Grundlegung in Gieseckes „Der Buchdruck in der frühen Neuzeit". Kritische Überlegungen zum Verhältnis von Systemtheorie, Medientheorie und Technologie. In: Internationales Archiv für Sozialgeschichte der Literatur 18(1993), 179–196.
Jäger, Georg: Keine Kulturtheorie ohne Geldtheorie. Grundlegung zu einer Theorie des Buchverlags. In: Empirische Literatur- und Medienforschung, hg. v. Siegfried J. Schmidt (LUMIS-Schriften, Sonderreihe 7). Siegen 1995, 24–40.
Jäger, Georg: Buchwissenschaft – das Münchener Modell. In: Buchhandelsgeschichte ... 1997, H. 3, B94–B96.
Jochum, Uwe: Textgestalt und Buchgestalt. Überlegungen zu einer Literaturgeschichte des gedruckten Buches. In: Zeitschrift für Literaturwissenschaft und Linguistik 26(1996), Nr. 103, 20–34.
Kapp, Friedrich/Goldfriedrich, Johann: Geschichte des deutschen Buchhandels. Im Auftrage des Börsenvereins der Deutschen Buchhändler hg. v. der Historischen Kommission desselben. 4 Bde. Leipzig 1886, 1908, 1909, 1913.
Kapr, Albert: Johannes Gutenberg. Persönlichkeit und Leistung. 2. durchgesehene Aufl. Leipzig/Jena/Berlin 1988.
Kerlen, Dietrich: Druckmedien. In: Handbuch Lesen ... 1999, 240–280.
Kochendörffer, Karl: Buchhandel und Pflichtexemplare. Marburg 1901.
Koschatzky, Walter: Die Kunst der Graphik. Technik, Geschichte, Meisterwerke. 12. Aufl. München 1997.

Kühn, Hermann/Michel, Lutz: Papier. Katalog der Ausstellung. München 1986.

Künast, Hans-Jörg: „Getruckt zu Augspurg". Buchdruck und Buchhandel in Augsburg zwischen 1468 und 1555 (Studia Augustana 8). Tübingen 1997.

Leipziger Jahrbuch zur Buchgeschichte, hg. v. Mark Lehmstedt u. Lothar Poethe. Wiesbaden 1991ff.

Lesen im internationalen Vergleich. Ein Forschungsgutachten der Stiftung Lesen für das Bundesministerium für Bildung und Wissenschaft, hg. v. der Stiftung Lesen. 2 Teile. Mainz 1990, Berlin 1995.

Lesen und Leben, hg. v. Herbert G. Göpfert u. a. Frankfurt a. M. 1975.

Leseverhalten in Deutschland im neuen Jahrtausend. Eine Studie der Stiftung Lesen, hg. v. der Stiftung Lesen/Spiegel Verlag (Schriftenreihe „Lesewelten" 3). Mainz/Hamburg 2001.

Lilien, Otto M./Gerhardt, Claus W.: Geschichte der Druckverfahren. Teil III: Der Tiefdruck (v. O. M. L.). Die kleineren Druckverfahren (v. C. W. G.). (Bibliothek des Buchwesens 5). Stuttgart 1978.

Linden, Fons van der: DuMont's Handbuch der grafischen Techniken. Manuelle und maschinelle Druckverfahren. Hochdruck, Tiefdruck, Flachdruck, Durchdruck. Reproduktionstechniken. Mehrfarbendruck. 3. Aufl. Köln 1990.

Ludes, Peter: Einführung in die Medienwissenschaft. Entwicklungen und Theorien. Mit einer Einleitung v. Jochen Hörisch. Berlin 1998.

Luhmann, Niklas: Die Wissenschaft der Gesellschaft (Suhrkamp-Taschenbuch Wissenschaft 1001). 2. Aufl. Frankfurt a. M. 1994.

Luhmann, Niklas: Die Realität der Massenmedien (Vorträge. Nordrhein-Westfälische Akademie der Wissenschaften, Geisteswissenschaften G 333). Opladen 1995.

Luhmann, Niklas: Die Gesellschaft der Gesellschaft. 2 Bde. Frankfurt a. M. 1997[a].

Luhmann, Niklas: Soziale Systeme. Grundriß einer allgemeinen Theorie (Suhrkamp-Taschenbuch Wissenschaft 666). 5. Aufl. Frankfurt a. M. 1997[b].

Maier, Michael: Content commerce. Neue Vermarktungsmodelle (auch) für Verlage. In: IASL online. URL: http://iasl.uni-muenchen.de/discuss/lisforen/meier.htm (eingestellt am 11. Dezember 2000).

Martin, Henri-Jean: Geschichte des Buchwesens aus französischer Sicht. Geschichte und Perspektiven. In: Leipziger Jahrbuch zur Buchgeschichte 1(1991), 23–51.

Martin, Henri-Jean: La naissance du livre moderne. Mise en page et mise en texte du livre français. (XIVe – XVIIe siècles). Paris 2000.

Mazal, Otto: Traditionelle Schreibmaterialien und -techniken. In: Schrift und Schriftlichkeit ... 1994, 122–130.

McKenzie, Donald F.: Bibliography and the sociology of texts (The Panizzi Lectures 1985). London 1986.

McKenzie, Donald F.: „What's past is prologue". The Bibliographical Society and history of the book. The Bibliographical Society centenary lecture 14 July 1992. [London 1993.]

McLuhan, Marshall: The Gutenberg Galaxy. Toronto 1962. [Dt. Ausg. Die Gutenberg-Galaxis. Das Ende des Buchzeitalters. Bonn u. a. 1995.]

Medienwissenschaft. Ein Handbuch zur Entwicklung der Medien und Kommunikationsformen, hg. v. Joachim-Felix Leonhard u. a. 1. Halbbd. (Handbücher zur Sprach- und Kommunikationswissenschaft 15.1). Berlin/New York 1999.

Meyrowitz, Joshua: Multiple media literacies. In: Journal of Communication 47(1998), 96–108.

Migon, Krzysztof: Das Buch als Gegenstand wissenschaftlicher Forschung. Buchwissenschaft und ihre Problematik (Buchwissenschaftliche Beiträge aus dem Deutschen Bucharchiv München 32). Wiesbaden 1990.

Mise en page et mise en texte du livre manuscrit, hg. v. Henri-Jean Martin u. Jean Vezin. Paris 1990.

Mix, York-Gothart: Buchwissenschaft in der Postmoderne. Probleme, Prämissen und Perspektiven. In: Leipziger Jahrbuch zur Buchgeschichte 8(1998), 13–32.

Mölln, Klaus. Strategischer Ansatz einer Aktion des Börsenvereins. In: Börsenblatt des deutschen Buchhandels. Frankfurter Ausgabe. 30(1974), Nr. 39, 698–700.
Müller, Jan-Dirk: Überlegungen zu Michael Giesecke: Der Buchdruck in der frühen Neuzeit. In: Internationales Archiv für Sozialgeschichte der Literatur 18(1993), 168–178.
Muth, Ludwig: Geburtshilfe für eine neue Wissenschaft? Überlegungen zur Neubegründung der Lesekultur: Wohin gehen wir? In: Börsenblatt für den deutschen Buchhandel. Frankfurter Ausgabe. 40(1984), Nr. 78, 2352–2357.
Neddermeyer, Uwe: Von der Handschrift zum gedruckten Buch. Schriftlichkeit und Leseinteresse im Mittelalter und in der frühen Neuzeit. Quantitative und qualitative Aspekte. 2 Bde. (Buchwissenschaftliche Beiträge aus dem deutschen Bucharchiv München 61). Wiesbaden 1998.
Nieschlag, Robert / Dichtl, Erwin / Hörschgen, Hans: Marketing. 18., durchgesehene Aufl. Berlin 1997.
Noelle-Neumann, Elisabeth: Der befragte Leser. Die Verteidigung des Buches: Bericht über zwanzig Jahre Buchmarktforschung. In: Die Bedeutung des Buches gestern – heute – morgen, hg. v. Peter Rusterholz u. Rupert Moser (Berner Universitätsschriften 40). Bern / Wien / Stuttgart 1996, 77–94.
Peter, Franz-Wilhelm: Im Namen des Volkes. In: Börsenblatt für den Deutschen Buchhandel. Frankfurter Ausgabe. 43(1987), Nr. 89, 3027–3032.
Pross, Harry: Medienforschung. Film, Funk, Presse, Fernsehen (Das Wissen der Gegenwart: Geisteswissenschaften). Darmstadt 1972.
Raabe, Paul: Was ist Geschichte des Buchwesens? Überlegungen zu einem Forschungsbereich und einer Bildungsaufgabe. In: Buchhandelsgeschichte ... 1976, H. 8, B 319–B 329.
Raabe, Paul: Das Buch im alten Europa. Aspekte buchgeschichtlicher Forschung. In: Der Mensch und das Buch. Autoren – Leser – Büchermacher, hg. v. Gerd-Klaus Kaltenbrunner. München 1985, 15–36.
Rautenberg, Ursula: Überlieferung und Druck. Heiligenlegenden aus frühen Kölner Offizinen (Frühe Neuzeit 30). Tübingen 1996.
Rautenberg, Ursula: Buchhändlerische Organisationsformen in der Inkunabel- und Frühdruckzeit. In: Die Buchkultur im 15. und 16. Jahrhundert ... 2. Halbbd. 1999, 339–376.
Rautenberg, Ursula: Gutenberg und die Folgen. In: Bücher im Jahrhundert Gutenbergs, hg. v. Christina Hofmann-Randall. Erlangen 2000, 11–21.
Roegele, Otto B.: Was wird aus dem gedruckten Wort? Vom Lesen als Bürgerpflicht (Texte + Thesen 99). Zürich 1977.
Rouse, Richard H. / Rouse, Mary A.: Manuscripts and their makers. Commercial book producers in medieval Paris 1200–1500. Vol. 1, 2. Turnhout 2000.
Rühl, Manfred: Buch – Bedürfnis – Publikum. Vorbemerkungen zu einer Theorie der Buchkommunikation. In: Bertelsmann-Briefe Nr. 99(1979), 44–52.
Rusch, Gebhard: Kommunikation. In: Reallexikon der deutschen Literaturwissenschaft. Neubearbeitung des Reallexikons der deutschen Literaturgeschichte. Berlin/New York. Bd. 2, 2000, 303–306.
Saxer, Ulrich: Das Buch in der Medienkonkurrenz. In: Lesen und Leben ... 1975, 206–243.
Saxer, Ulrich: Der Forschungsgegenstand der Medienwissenschaft. In: Medienwissenschaft ..., 1–14.
Scheidt, Gabriele: Der Kolportagebuchhandel (1869–1905). Eine systemtheoretische Rekonstruktion. Stuttgart 1994.
Schmidt, Siegfried J.: Theorien zur Entwicklung der Mediengesellschaft. In: Lesesozialisation in der Mediengesellschaft. Ein Schwerpunktprogramm, hg. v. Norbert Groeben (Internationales Archiv für Sozialgeschichte der Literatur, Sonderheft 10). Tübingen 1999, 118–145.
Schmidtchen, Gerhard: Eine Politik für das Buch. In: Archiv für Soziologie und Wirtschaftsfragen des Buchhandels 6 (1968), 3239–3255.
Schneider, Ute: Buchwissenschaft als Wissenschaftsgeschichte. In: Im Zentrum: das Buch ... 1997, 50–61.

Schönstedt, Eduard: Der Buchverlag. Geschichte, Aufbau, Wirtschaftsprinzipien, Kalkulation und Marketing. Stuttgart 1991.
Schrift und Schriftlichkeit (Writing and its use). Ein interdisziplinäres Handbuch internationaler Forschung, hg. v. Hartmut Günther u. Otto Ludwig. 1. Halbbd. (Handbücher zur Sprach- und Kommunikationswissenschaft 10.1). Berlin/New York 1994.
Schwitalla, Johannes: Flugschrift (Grundlagen der Medienkommunikation 7). Tübingen 1999.
Spencer-Brown, George: Laws of form. Gesetze der Form. Lübeck 1997.
Steinberg, Heinz: Nachwort zum Buchtag. In: Buch und Bibliothek 7/8(1981), 638–639.
Straßner, Erich: Zeitschrift (Grundlagen der Medienkommunikation 3). Tübingen 1997.
Straßner, Erich: Zeitung (Grundlagen der Medienkommunikation 2). 2., veränderte Aufl. Tübingen 1999.
Strauß, Wolfgang: Buchmarktforschung – und was nun? In: Börsenblatt für den Deutschen Buchhandel. Frankfurter Ausgabe. 29(1973), Nr. 17, 290–294.
Strauß, Wolfgang: Buchwissenschaft als Gemeinschaftsaufgabe des Buchhandels. In: Lesen und Leben ... 1975, 328–342.
Świerk, Alfred G.: Buchwissenschaft. Versuch einer Begriffs- und Standortbestimmung. In: Buchhandelsgeschichte ... 1989, H. 2, B64–B71.
The Cambridge history of the book in Britain. Vol. 3. 1400–1557, hg. v. Lotte Hellinga u. J. B. Trapp. Cambridge 1999.
Umlauf, Konrad: Moderne Buchkunde (Bibliotheksarbeit 2). Wiesbaden 1996.
Umstätter, Walter/Rehm, Margarete/Dorogi, Zsuzsánna: Die Halbwertzeit in der naturwissenschaftlichen Literatur. In: Nachrichten für Dokumentation 33(1982), 50–52. (URL: http://www.ib.hu-berlin.de/~wumsta/pub18.html. Letzte Aktualisierung am 31. Januar 2000.)
Verzeichnis der im deutschen Sprachbereich erschienenen Drucke des 16. Jahrhunderts, hg. v. der Bayerischen Staatsbibliothek in München in Verbindung mit der Herzog-August-Bibliothek in Wolfenbüttel. Stuttgart 1983ff. 24 Bde. u. Registerbde.
Verzeichnis lieferbarer Bücher [VLB]. German books in print, hg. v. der Buchhändler-Vereinigung GmbH. München 1971ff. (URL: http://www.buchhandel.de.)
Watzlawick, Paul/Beavin, Janet H./Jackson, Don D.: Menschliche Kommunikation. Formen, Störungen, Paradoxien. 10., unveränderte Aufl. Bern/Göttingen/Toronto/Seattle 2000.
Wehde, Susanne: Typographische Kultur. Eine zeichentheoretische und kulturgeschichtliche Studie zur Typographie und ihrer Entwicklung (Studien und Texte zur Sozialgeschichte der Literatur 69). Tübingen 2000.
Wilkes, Walter: Das Schriftgießen. Von Stempelschnitt, Matrizenfertigung und Letternguß. Darmstadt 1990.
Willberg, Hans Peter/Forssmann, Friedrich: Lesetypographie. Mainz 1997.
Wittmann, Marc/Pöppel, Ernst: Neurobiologie des Lesens. In: Handbuch Lesen ... 1999, 224–239.
Wittmann, Reinhard: Geschichte des deutschen Buchhandels. Ein Überblick. 2. durchgesehene u. erweiterte Aufl. München 1999.
Wittmann, Reinhard: Gibt es eine Leserevolution am Ende des 18. Jahrhunderts? In: Die Welt des Lesens. Von der Schriftrolle zum Bildschirm, hg. v. Roger Chartier u. Guglielmo Cavallo. Frankfurt a. M./New York/Paris 1999, 419–454.
Wolfenbütteler Bibliographie zur Geschichte des Buchwesens im deutschen Sprachgebiet 1840–1980 (WBB). Bearbeitet v. Erdmann Weyrauch. 12 Bde. München 1990–1999.

www.ingramcontent.com/pod-product-compliance
Lightning Source LLC
Chambersburg PA
CBHW060816100426
42813CB00004B/1093